GLOBETROTTER

Mary Lukes
4202 US Highway 18
Dodgeville, WI 53533

BRAZILIAN
PORTUGUESE
In Your Pocket

D1247284

NEW HOLLAND

GLOBETROTTER™

First edition published in 2007
by New Holland Publishers Ltd
London • Cape Town • Sydney
• Auckland
10 9 8 7 6 5 4 3 2 1

website:
www.newhollandpublishers.com

Garfield House, 86 Edgware Road
London W2 2EA
United Kingdom

80 McKenzie Street
Cape Town 8001
South Africa

14 Aquatic Drive
Frenchs Forest, NSW 2086
Australia

218 Lake Road
Northcote, Auckland
New Zealand

Copyright © 2007 in text:
Adelaide Morgado
Copyright © 2007 in photograph:
Pictures Colour Library
Copyright © 2007 in illustrations:
Marisa Galloway
Copyright © 2007 New Holland
Publishers (UK) Ltd

ISBN 978 1 84537 810 3

Publishing Manager:
Thea Grobbelaar
Designer: Lellyn Creamer
Cover Design: Nicole Bannister
Illustrator: Marisa Galloway
Editor: Thea Grobbelaar
Translator: Adelaide Morgado
Proofreader: Jamaina Villela

Reproduction by Resolution, Cape Town
Printed and bound by
Replika Press Pvt Ltd, India

Cover photograph:
*View over Rio de Janeiro's Guanabara
Bay and Sugarloaf.*

CONTENTS

This PHRASE BOOK is thematically colour-coded for easy use and is organized according to the situation you're most likely to be in when you need it. The fairly comprehensive DICTIONARY section consists of two parts – English/Portuguese and Portuguese/English.

To make speaking Portuguese easy, we encourage our readers to memorize some general PRONUNCIATION rules (*see* page 8). After you have familiarized yourself with the basic tools of the language and the rudiments of Portuguese GRAMMAR (*see* page 14), all you need to do is turn to the appropriate section of the phrase book and find the words you need to make yourself understood. If the selection is not exactly what you're looking for, consult the dictionary for other options.

Just to get you started, here are some Portuguese expressions you might have heard, read or used at some time: *nada, por favor, obrigado, olá*. Even if you are unfamiliar with these words and would rather not try to say them out loud, just remain confident, follow our easy advice and practise a little, and you will soon master useful phrases for everyday life. Speak slowly and enunciate carefully and your counterpart is likely to follow suit.

Some Portuguese words, especially those ending in -al, are pronounced differently from their English equivalents (e.g. natural – *na-too-rahl*), or else changed just slightly (mayonnaise – *maionese*), though their meanings remain clear. Nowadays many English terms are used in Portuguese, especially in business, sport and leisure activities, so everyone will know what you mean when you say things like 'laptop', 'golf' and 'tennis'.

A section on HOLIDAYS AND FESTIVALS (*see* page 82) provides some background knowledge so that you know what you're celebrating and why. There's no better way to learn a language than joining in some enjoyment!

The brief section on manners, mannerisms and ETIQUETTE (*see* page 76) can help you make sense of the people around you. Make an effort to view your host country and its people tolerantly – that way you will be open to the new experience and able to enjoy it.

Learning a new language can be a wonderful but frightening experience. It is not the object of this book to teach you perfect Portuguese, but rather to equip you with just enough knowledge for a successful holiday or business trip. Luckily you are unlikely to be criticized on your grammatical correctness when merely asking for directions. The most important thing is to make yourself understood. To this end a brief section on grammar and a guide to pronunciation have been included in this book. There is, however, no substitute for listening to native speakers.

Before you leave, it might be a good idea to familiarize yourself with the sections on Pronunciation, Grammar and Etiquette. This can easily be done en route to your destination. You will also benefit from memorizing a few important phrases before you go.

The sections of the Phrase Book are arranged by topic for quick reference. Simply go to the contents list (*see* page 3) to find the topic you need. The Dictionary section (*see* page 88) goes both ways, helping you to understand and be understood.

Abbreviations have been used in those instances where one English word could be interpreted as more than one part of speech, e.g. 'smoke' (a noun, the substance coming from a fire) and 'smoke' (a verb, what one would do with a cigarette). Here is a list of these and some other abbreviations used in this book:

vb	verb
n	noun
adj	adjective
adv	adverb
prep	preposition
pol	polite
fam	familiar (informal)
elec	electric/al
med	medical
anat	anatomy
rel	religion

The gender and number of Portuguese nouns have been specified as follows:

m	masculine
f	feminine
pl	plural

Portuguese is a phonetic language, so with a bit of practice you can soon read most of it. Many letters are pronounced like the English equivalent. The English words given here contain sounds that approximate Portuguese sounds.

VOWELS
VOGAIS

- **a** – like the **a** in f**a**ther – *gato*
- **e** – like the **e** in forg**e**t – *ela*
- **i** – like the **ee** in m**ee**t – *filho*
- **o** – like the **o** in m**o**ck – *porta*
- **u** – like the **oo** in f**oo**t, but shorter – *tu*

NB The letter **u** following a **g** or a **q** is silent, with some exceptions like *guardar*.

ORAL DIPHTHONGS
DITONGOS ORAIS

- **ai** – like the **i** in b**i**te – *bailar*
- **ao** – like the **ow** in **ow**l – *caos*
- **au** – like the **ow** in **ow**l – *mau*
- **ei** – like the **ey** in th**ey** – *falei*
- **eu** – sound each vowel separately – *Europa*
- **ia** – like the **ya** in **ya**rd – *enviar*
- **oi** – like the **oy** in t**oy** – *boina*

- **uo** – like the **wo** in **woke** – *quota*
- **ui** – like the **wee** in **week** – *fui*

If a vowel is marked with an accent (e.g. á, é), it indicates that this syllable is stressed. When there is an accent over a diphthong, treat the two vowels separately, **not** as a diphthong: *seu* is a diphthong but *céu* (*seh-oo*) is not.

NASAL VOWELS AND DIPHTHONGS
VOGAIS E DITONGOS NASAIS

Whenever the vowels **a**, **e**, **i**, **o** and **u** precede **m** and **n**, they become nasal (*encanto*, *jardim*, *ontem*, *juntar*). If you have learned French, it is like the sound in *monter* or *environ*. If you make the sound properly through your nose, there is not much likelihood of error. The same applies to nasal vowel combinations **ão**, **ãe**, **ãi** and **õe** (*mão*, *mãe*, *cãibras*, *limões*).

CONSONANTS
CONSOANTES

- **b** – pronounced as in English – *baixo*
- **c** – before **a**, **o** and **u**, like the **k** in **keep** – *comer*
- **c** – before **e** and **i**, like the **s** in **silver** – *cinema*
- **ç** – like the **s** in **silver** – *começar*

- **ch** – like the **sh** in **sh**op – *chave*
- **g** – like the **g** in **g**et – *gato*
- **g** – before **e** and **i**, it sounds like the **s** in treasure – *gente, gigante*
- **g** – when in the combination **gu**, before **e** or **i**, the **u** is not pronounced – *guerra, guitarra*
- **h** – the letter **h** is never sounded – *homem*
- **j** – like the **s** in trea**s**ure (it precedes **a**, **o** or **u**, but hardly ever **e**) – *jardim, jóia*
- **l** – the final **l** is prolonged – *caracol*
- **lh** – like the **lli** in bi**lli**ards (a liquid sound) – *melhor, milho*
- **nh** – like the **ni** in o**ni**on – *minha*
- **qu** – like the **c** in **c**at, but the **u** is not pronounced before **e** or **i** – *qual, quem*
- **r** – a soft sound, like the second **r** in ra**r**e, when between vowels – *barato*
- **r** – a harder sound, like the rolled Scottish **r** or the first **r** in **r**are, when doubled or at the beginning of a word – *rato, carro*
- **r** – at the end of a word or syllable the **r** is prolonged still further – *amor*
- **s** – at the beginning of a word, when doubled or after a consonant, like the **s** in **s**alt – *sonho, passo, cansaço.*
- **s** – between vowels, like the **s** in ro**s**e – *casa*

- **s** – at the end of a word or syllable, like the **sh** in **sheep** – *lápis*
- **x** – at the beginning of a word or between vowels, like the **sh** in **sheep** – *xadrêz, queixa*
- **x** – also between vowels, it can sound like the **s** in **some** – *trouxe*
- **x** – when in the prefix ex followed by a vowel, like the **z** in **zebra** – *exercício*
- **x** – when in the prefix **ex** followed by a consonant, like **ey'sh** – *explicar*
- **x** – in words of foreign derivation it should be pronounced **ks** – *táxi*
- **z** – like the **z** in **zebra** – *zanga, azul*
- **z** – at the end of a word, like **sh** – *luz*

Practise a few phrases in Portuguese (the stressed syllables are underlined):

Bom dia	**Adeus**
bong dee-a	*a-deh-oos*
Good day	Goodbye
Olá!	**Fala Inglês?**
o-lah	*fah-la in-glesh*
Hello!	Do you speak English?

PRONÚNCIA

Fale devagar, por favor
fah-le de-va-gar, por fa-vor
Please speak slowly

Não compreendo
nawng kom-pree-en-do
I don't understand

Como está?
ko-mo sh-tah
How are you? (polite)

Que tal?
ke tal
How are you? (familiar)

Bem, obrigado
beng, oh-bree-gah-do
Fine, thanks!

Quero ...
keh-ro
I'd like ...

Que disse?
ke dee-se
Pardon?

Onde estão os lavabos?
on-de sh-tawng os la-vah-bos
Where are the toilets?

Posso fazer uma chamada?
poh-so fa-zer oo-ma sha-mah-da
May I use the phone?

Quando chega o comboio?
kwan-do sheh-ga o kom-boy-oo
When does the train arrive?

Onde fica?
on-de fee-ka
Where is it?

The grammar section has deliberately been kept very brief as this is not a language course.

PERSONAL PRONOUNS
PRONOMES PESSOAIS

Subject

eu	I
tu	you (fam)
você	you (pol)
ele, ela	he/she
nós	we
vocês	you (pl fam)
os (as) senhores/as	you (pl pol)
eles/elas	they

Direct Object		Indirect Object	
me	me	(to) me	me
you	te (fam)	(to) you	te (fam)
you	o/a (pol)	(to) you	lhe (pol)
him	o	(to) him	lhe
her	a	(to) her	lhe
it	o/a	(to) it	o/a
us	nos	(to) us	nos
you	os/as (pl fam)	(to) you	vos (pl fam)
you	os/as (pl pol)	(to) you	lhes (pl pol)
them	os/as	(to) them	lhes

Reflexive Pronoun

myself	me
yourself	te (fam)
yourself	se (pol)
himself	se
herself	se
itself	se
ourselves	nos
yourselves	vos (pl fam)
yourselves	se (pl pol)
themselves	se

Possessive Pronoun

my/mine	meu/minha, meus/minhas
your/s	teu/tua, teus/tuas (fam)
your/s	seu/sua, seus/suas (pol)
his	seu/sua, seus/suas, dele
hers	seu/sua, seus/suas, dela
its	seu/sua, seus/suas
our/s	nosso/a, nossos/as
your/s	vosso/a, vossos/as (pl fam)
your/s	seus/suas (pl pol)
their/s	seus/suas, deles/delas

The gender of a pronoun refers to the gender of the object you are talking about, and not to your own gender. Whether you yourself are male or female, you would say the book (masculine) is mine (*o livro é meu*), or the house (feminine) is mine (*a casa é minha*).

When referring to parts of your body, the possessive pronoun is not used – you would say 'the hands' (*as mãos*) rather than 'my hands' (*as minhas mãos*)

VERBS
VERBOS

All verbs in their infinitive form end in -ar, -er, -ir or -or. Each verb has a stem or a root and an appropriate ending (be it -ar, -er, -ir or -or). The stem of the verb is the part that precedes the ending. For example, the verb *cantar* (to sing) can be broken up as follows: *cant-* (root) and -*ar* (ending).

The verbs that never change their stem and follow conjugation patterns are called *regulares* (about 75% of verbs), and the ones that change stem are called *irregulares* (about 25%).

Examples of REGULAR verbs, present tense:

AMAR (to love)
eu amO
tu amAS
ele/ela/você amA
nós amAMOS
vocês amAM
eles/elas amAM

TEMER (to fear)
eu temO
tu temES
ele/ela/você temE
nós temEMOS
vocês temEM
eles/elas temEM

PARTIR (to leave)
eu partO
tu partES
ele/ela/você partE
nós partIMOS
vocês partEM
eles/elas partEM

Here are some useful IRREGULAR verbs:

TER (to have)
eu tenho
tu tens
ele/ela/você tem
nós temos
vocês têm
eles/elas têm

QUERER (to want)
eu quero
tu queres
ele/ela/você quer
nós queremos
vocês querem
eles/elas querem

IR (to go)
eu vou
tu vais
ele/ela/você vai
nós vamos
vocês vão
eles/elas vão

PODER (can)
eu posso
tu podes
ele/ela/você pode
nós podemos
vocês podem
eles/elas podem

SER (to be)
eu sou
tu és
ele/ela/você é
nós somos
vocês são
eles/elas são

ESTAR (to be)
eu estou
tu estás
ele/ela/você está

ESTAR (continued)
nós estamos
vocês estão
eles/elas estão

FAZER (to make/do)
eu faço
tu fazes
ele/ela/você faz
nós fazemos
vocês fazem
eles/elas fazem

DIZER (to say)
eu digo
tu dizes
ele/ela/você diz
nós dizemos
vocês dizem
eles/elas dizem

PUNCTUATION
PONTUAÇÃO

You will be relieved to know that Portuguese punctuation is very much the same as the punctuation in English – no surprises here!

ARTICLES
ARTIGOS

Definite Article (Artigo Definido) – **the**

o	(masc. sing.)	*a*	(fem. sing.)
os	(masc. pl.)	*as*	(fem. pl.)

Examples:

o livro (the book)   *a casa* (the house)

os livros (the books)   *as casas* (the houses)

Indefinite Article (Artigo Indefinido) – **a, some**

um	(masc. sing.)	*uma*	(fem. sing.)
uns	(masc. pl.)	*umas*	(fem. pl.)

Examples:

um cão (a dog)   *uma planta* (a plant)

uns cães (some dogs)   *umas plantas*
                              (some plants)

ADJECTIVES
ADJETIVOS

Adjectives usually follow the nouns they qualify
(*um livro novo* – a new book). Most adjectives
have a masculine and a feminine form (red –
vermelho/vermelha) as well as a singular and
plural form (red – *vermelhos/vermelhas*). All
adjectives agree in gender and number with
the nouns they qualify. Adjectives not ending in

-o or -a do not change into the masculine or feminine form, but do change to form plurals (*a casa grande* – the big house; *as casas grandes* – the big houses). In the plural form adjectives behave like nouns.

NOUNS
SUBSTANTIVOS

Nouns ending in **-o** are usually masculine and nouns ending in **-a** are usually feminine. To form the plural, add **-s** if the noun ends in a vowel and **-es** if the noun ends in a consonant. For those ending in **–m**, change the **–m** to **–ns**.

WORD ORDER
ORDEM DAS PALAVRAS

Portuguese word order will probably seem strange to English ears. The adjective usually comes after the noun it modifies (see page 20), but quantifying adjectives usually precede the noun (many books – *muitos livros*). The adjective also precedes the noun if you want to emphasize the adjective rather than the noun.

A question usually has exactly the same word order as a statement, but is distinguished from a statement by the question mark or intonation.

NUMBERS
NÚMEROS

0	zero (*ze*-ro)	**30**	trinta (*treen*-ta)
1	um (*oom*)	**31**	trinta e um (*treen*-ta-*yoom*)
2	dois (*doys*)	**40**	quarenta (kwa-*ren*-ta)
3	três (*tresh*)	**50**	cinquenta (seeng-*kwen*-ta)
4	quatro (*kwa*-tro)	**60**	sessenta (se-*sen*-ta)
5	cinco (*seeng*-ko)	**70**	setenta (se-*ten*-ta)
6	seis (*saysh*)	**80**	oitenta (oy-*ten*-ta)
7	sete (*se*-te)	**90**	noventa (noo-*ven*-ta)
8	oito (*oy*-to)	**100**	cem (*sem*)
9	nove (*noh*-ve)	**101**	cento e um (*sent*-wee-*oom*)
10	dez (*desh*)	**120**	cento e vinte (*sent*-wee-*veeng*-te)
11	onze (*ong*-ze)	**200**	duzentos (doo-*zen*-tos)
12	doze (*doh*-ze)	**500**	quinhentos (keen-*yen*-tos)
13	treze (*treh*-ze)	**1000**	mil (*meel*)
14	quatorze (ka-*tor*-ze)	**1 million**	um milhão (*oom* mee-*lyawng*)
15	quinze (*keen*-ze)	**1 billion**	um bilião (*oom* bee-*lyawng*)
16	dezesseis (de-ze-*saysh*)		
17	dezessete (de-ze-*seh*-te)		
18	dezoito (de-*zoy*-to)		
19	dezenove (de-ze-*naw*-ve)		
20	vinte (*veeng*-te)		
21	vinte e um (*veeng*-te-*yoom*)		
22	vinte e dois (*veeng*-tee-*doys*)		

DAYS
DIAS

Monday
segunda-feira (se-_goon_-da _fay_-ra)

Tuesday
terça-feira (_ter_-sa _fay_-ra)

Wednesday
quarta-feira (_kwar_-ta _fay_-ra)

Thursday
quinta-feira (_keen_-ta _fay_-ra)

Friday
sexta-feira (_says_-ta _fay_-ra)

Saturday
sábado (_sah_-ba-do)

Sunday
domingo (doo-_min_-go)

weekdays
dias de semana (_dee_-yas de se-_ma_-na)

weekends
fins de semana (_feens_ de se-_ma_-na)

public holidays
dias feriados (_dee_-yas fer-_ya_-dos)

MONTHS
MESES

January
Janeiro (ja-_nay_-ro)

February
Fevereiro (fe-ve-_ray_-ro)

March
Março (_mar_-so)

April
Abril (a-_breel_)

May
Maio (_mai_-oo)

June
Junho (_joo_-nio)

July
Julho (_joo_-llio)

August
Agosto (a-_gohs_-to)

September
Setembro (se-_tem_-bro)

October
Outubro (oh-_too_-bro)

November
Novembro
(noo-_vem_-bro)

December
Dezembro
(de-_zem_-bro)

TIME
HORAS

---

in the morning
de manhã (de mah-_nia_)

in the afternoon
à tarde (ah _tahr_-de)

in the evening
à noite (ah _noy_-te)

What is the time?
Que horas são?
(ke _aw_-ras sawng)

♦ **it's one o'clock**
♦ é uma hora (eh _oo_-ma _aw_-ra)

♦ **early**
♦ cedo (_seh_-do)

♦ **it's quarter to three**
♦ são três menos um quarto (sawng _tresh meh_-nos oom _kwar_-to)

♦ **it's half past two**
♦ são duas e meia (sawng _doo_-as e _mey_-a)

♦ **twenty past two**
♦ duas e vinte (_doo_-as e _veeng_-te)

♦ **late**
♦ tarde (_tahr_-de)

at 10 a.m. (10:00)
às dez da manhã (ahs desh da mah-_nia_)

at 5 p.m. (17:00)
às cinco da tarde (ahs _seeng_-ko da _tahr_-de)

at 9 p.m. (21:00)
às nove da noite (ahs _noh_-ve da _noy_-te)

day after tomorrow
depois de amanhã (de-_poys_ de ah- mah-_nia_)

day before yesterday
antes de ontem (_ang_-tes de _ong_-tem)

this morning
esta manhã (_esh_-ta mah-_nia_)

25

yesterday evening
ontem à tarde *(ong-tem ah tahr-de)*

tomorrow morning
amanhã de manhã *(ah-mah-nia de mah-nia)*

last night
ontem à noite *(ong-tem ah noy-te)*

this week
esta semana *(esh-ta se-ma-na)*

next week
a próxima semana *(a proh-see-ma se-ma-na)*

now
agora *(a-goh-ra)*

What is today's date?
Que dia é hoje? *(ke dee-ya eh oh-je)*

It's 13 September
É treze de Setembro *(eh treh-ze de se-tem-bro)*

yesterday, today, tomorrow
ontem, hoje, amanhã *(ong-tem, oh-je, ah-mah-nia)*

GREETINGS
SAUDAÇÕES

Good morning
Bom dia *(bong dee-a)*

Good afternoon
Boa tarde *(boh-a tahr-de)*

Good evening
Boa noite *(boh-a noy-te)*

Good night
Boa noite *(boh-a noy-te)*

Hello
Olá *(o-lah)*

Goodbye
Adeus *(a-deh-oos)*

Cheerio
Até à vista *(a-teh ah vees-ta)*

See you soon
Até à vista *(a-teh ah vees-ta)*

See you later
Até logo *(a-teh loh-go)*

Sorry! Excuse me!
Perdão! (Desculpe!) per-dawng (des-cool-pe)

Have a good time
Divirta-se
(dee-<u>veer</u>-ta-se)

I have to go now
Tenho que ir embora
(<u>teh</u>-nio ke eer
em-<u>boh</u>-ra)

It was very nice
Foi muito agradável (fo-
ye <u>muy</u>-to a-gra-<u>dah</u>-vel)

My name is ...
Me chamo ...
(me <u>sha</u>-moo ...)

What is your name?
Como se chama?
(<u>ko</u>-mo se <u>sha</u>-ma?)

Pleased to meet you!
Prazer em conhecê-lo/a!
(<u>pra</u>-zer em ko-nye-
seh-lo/la)

How are you? (pol)
Como está?
(<u>ko</u>-mo sh-<u>tah</u>)

How are you? (fam)
Que tal?
(ke tal)

Fine, thanks. And you?
Bem, obrigado. E você?
(beng, oh-bree-<u>gah</u>-do
e <u>vo</u>-seh)

GENERAL
GERAL

Do you speak English?
Fala Inglês?
(<u>fah</u>-la in-<u>glesh</u>)

I don't understand
Não compreendo
(nawng kom-pree-<u>en</u>-do)

Please speak slowly
Por favor fale devagar
(por fa-<u>vor</u> <u>fah</u>-le
de-va-<u>gar</u>)

Please repeat that
Pode repetir por favor
(<u>poh</u>-de re-pe-<u>teer</u> por
fa-<u>vor</u>)

Please write it down
Pode escrever isso por
favor (<u>poh</u>-de sh-kre-<u>ver</u>
ee-soo por fa-<u>vor</u>)

Excuse me please
Com licença
(kong lee-<u>sen</u>-sa)

Could you help me?
Pode ajudar-me? (<u>poh</u>-
de ajoo-<u>dar</u>-me)

Till/Cash Desk
Caixa (<u>kai</u>-sha)

27

Could you do me a favour?
Pode fazer-me um favor?
(*poh*-de fa-*zer*-me oom fa-*vor*)

Can you show me?
Pode mostrar-me?
(*poh*-de moos-*trar*-me)

how?
como? (*ko*-mo)

where?
onde? (*on*-de)

when?
quando? (*kwan*-do)

who?
quem? (kehm)

why?
porquê? (por-*keh*)

which?
qual? (kwal)

I need ...
preciso de ...
(pre-*see*-zoo de ...)

yes
sim (seeng)

no
não (nawng)

FORMS & SIGNS
IMPRESSOS E SINAIS

Please complete in block letters
Por favor completar em letras maiúsculas
(por fa-*vor* kom-ple-*tar* em *leh*-tras ma-*yus*-koo-las)

Surname
Apelido (a-pe-*lee*-do)

First names
Nomes (*noh*-mes)

Date of birth
Data de nascimento
(*dah*-ta de nas-see-*men*-to)

Place of birth
Lugar de nascimento
(*loo*-gar de nas-see-*men*-to)

Occupation
Profissão (proo-fee-*sawng*)

Nationality
Nacionalidade (na-see-oo-na-lee-*dah*-de)

Address
Endereço (en-de-*re*-soo)

28

Date of arrival
Data de chegada (*dah-ta de sh-gah-da*)

Date of departure
Data de partida (*dah-ta de par-tee-da*)

Passport number
Número do passaporte (*noo-me-ro do pah-sa-por-te*)

I.D. number
Número do documento de identidade (*noo-me-ro do do-koo-men-to de ee-den-tee-dah-de*)

Issued at
Emitido em (*e-mee-tee-do em*)

Engaged, Vacant
Ocupado, Livre (*oh-koo-pah-do, lee-vre*)

No trespassing
Não passar (*nawng pa-sahr*)

Out of order
Não funciona (*nawng foon-see-yon-a*)

Push, Pull
Empurrar, Puxar (*em-poo-rahr, poo-shahr*)

Please don't disturb
Por favor não incomode (*por fa-vor nawng een-koo-moh-de*)

Adults and children
Adultos e crianças (*a-dool-tos e kree-an-sas*)

Lift/Elevator
Ascensor/Elevador (*as-sen-sor, ele-vah-dor*)

Escalator
Escada rolante (*es-kah-da roo-lan-te*)

Wet paint
Tinta fresca (*teen-ta fresh-ka*)

Open, Closed
Aberto, Fechado (*a-ber-too, fe-shah-do*)

Opening hours
Horas de abertura (*oh-ras de a-ber-too-ra*)

Self-service
Auto-serviço (*aw-toh-ser-vee-so*)

Waiting Room
Sala de espera (*sah-la de sh-peh-ra*)

29

BUS/TRAM STOP
PONTO DE ÔNIBUS/ELÉCTRICO

Where is the bus/tram stop?
Onde fica o ponto de ônibus/eléctrico?
(*on*-de *fee*-ka o *pon*-to de *oo*-nee-boos/ ee-leh-*tree*-ko)

Which bus do I take?
Que ônibus devo apanhar? (ke *oo*-nee-boos *deh*-vo a-pa-*nyar*)

How often do the buses go?
Com que frequência o ônibus passa? (kom ke fre-*kwen*-sya o *oo*-nee-boos *pah*-sa)

When is the last bus?
A que horas passa o último ônibus? (a ke *ow*-ras *pah*-sa o *ool*-tee-mo *oo*-nee-boos)

Which ticket must I buy?
Que bilhete devo comprar? (ke bee-*lye*-te *deh*-vo kom-*prahr*)

Where must I go?
Onde devo ir?
(*on*-de *deh*-vo eer)

I want to go to ....
Quero ir a ...
(*keh*-ro eer a ...)

What is the fare to...?
Quanto custa o bilhete para...? (*kwan*-to *koos*-ta o bee-*lye*-te *pa*-ra ...)

When is the next bus?
Quando passa o próximo autocarro? (*kwan*-do *pah*-sa o *proh*-see-mo ow-toh-*kah*-ro)

UNDERGROUND/ SUBWAY/METRO
METRÔ/ METRÔPOLITANO

entrance, exit
entrada, saída
(en-*trah*-da, sa-*yee*-da)

inner zone, outer zone
zona interior, zona exterior
(*zoh*-na een-ter-*yor*, *zoh*-na esh-ter-*yor*)

Where is the under-ground/subway station?
Onde fica a estação do metrô? *(on-de fee-ka a sh-tah-sawng do meh-tro)*

Do you have a map for the metro?
Tem um mapa do metrô? *(tehm oom mah-pa doo meh-tro)*

I want to go to ...
Quero ir a ... *(keh-ro eer a ...)*

Can you give me change?
Pode dar-me troco? *(poh-de dahr-me troh-ko)*

Which ticket must I buy?
Que bilhete devo comprar? *(ke bee-lye-te deh-vo kom-prahr)*

When is the next train?
Quando passa o próximo trem? *(kwan-do pah-sa o proh-see-mo trem)*

TRAIN/RAILWAY
TREM/CAMINHO DE FERRO

Where is the railway station?
Onde fica a estação de trem? *(on-de fee-ka a sh-tah-sawng de trem)*

departure
partida *(par-tee-da)*

arrival
chegada *(sh-gah-da)*

Which platform?
Qual plataforma? *(kwal pla-ta-fohr-ma)*

Do you have a timetable?
Tem um horário? *(tehm oom ow-rah-ree-yo)*

A ... ticket please
Um ... bilhete, por favor *(oom ... bee-lye-te, por fa-vor)*

◆ **single**
◆ de ida *(de ee-da)*

◆ **return**
◆ de ida e volta *(de ee-da e vol-ta)*

- **child's**
- de criança
  (de kree-<u>an</u>-sa)

- **first class**
- primeira classe
  (pree-<u>mey</u>-ra <u>klah</u>-se)

- **second class**
- segunda classe
  (se-<u>goon</u>-da <u>klah</u>-se)

- **smoking**
- fumador *(foo-ma-<u>dohr</u>)*

- **non-smoking**
- não-fumador *(nawng foo-ma-<u>dohr</u>)*

Do I have to pay a supplement?
Devo pagar excesso?
(<u>deh</u>-vo pa-<u>gahr</u> eys-<u>seh</u>-so)

Is my ticket valid on this train?
O meu bilhete é válido neste comboio? *(o <u>me</u>-oo bee-<u>lye</u>-te <u>eh</u> <u>vah</u>-lee-do <u>nesh</u>-te kom-<u>boy</u>-o)*

Where do I have to get off?
Onde devo descer?
(<u>on</u>-de <u>deh</u>-vo des-<u>sehr</u>)

I want to book ...
Quero reservar ...
(<u>keh</u>-ro re-zer-<u>vahr</u> ...)

- **a seat**
- um lugar
  (oom loo-<u>gahr</u>)

- **a couchette**
- um leito/uma cama
  (oom <u>ley</u>-to/oo-ma <u>ka</u>-ma)

Is this seat free?
Este lugar está vago?
(<u>esh</u>-te loo-<u>gahr</u> sh-<u>tah</u> vah-go)

That is my seat
Esse é o meu lugar
(<u>eh</u>-sse <u>eh</u> o <u>meh</u>-oo loo-<u>gahr</u>)

May I open (close) the window?
Posso abrir (fechar) a janela? *(<u>poh</u>-so a-<u>breer</u> [fe-<u>shahr</u>] a ja-<u>neh</u>-la)*

Where is the restaurant car?
Qual é a carruagem restaurante? *(<u>kwal</u> <u>eh</u> a ka-roo-<u>ah</u>-gem res-taw-<u>ran</u>-te)*

Is there a sleeper?
Há carruagem cama?
(ah ka-roo-ah-gem ka-ma)

EC – Eurocity
International express,
supplement payable

IC – Intercity
Luxury international
express, supplement
payable

stationmaster
chefe da estação *(sheh-fe da sh-ta-sawng)*

BOATS
BARCOS

cruise
cruzeiro *(kroo-zey-ro)*

Can we hire a boat?
Podemos alugar um
barco? *(poo-deh-mos
a-loo-gahr oom bhar-ko)*

**How much is a
round trip?**
Quanto custa uma
viagem de ida e volta?
*(kwan-to koos-ta oo-ma
vee-ah-gem de ee-da e
vol-ta)*

one ticket
um bilhete
(oom bee-lye-te)

two tickets
dois bilhetes
(doysh bee-lye-tes)

**Can we eat on
board?**
Podemos comer a
bordo? *(poo-deh-mos
ko-mehr a bohr-do)*

**When is the last
boat?**
A que horas sai o último
barco? *(a ke ow-ras sah-ee o ool-tee-mo bhar-ko)*

**When is the next
ferry?**
A que horas sai o
'ferry-boat'?
*(a ke ow-ras sah-ee
o ferry boat)*

**How long does the
crossing take?**
Quanto tempo leva a
travessia? *(kwan-to
tem-po leh-va a
tra-ve-see-ya)*

Is the sea rough?
O mar está agitado?
(o mahr sh-tah a-gee-tah-do)

TAXI
TÁXI

Please order me a taxi
Por favor chame um táxi
(*Por fa-<u>vor</u>, <u>sha</u>-me oom <u>tah</u>-xi*)

Where can I get a taxi?
Onde posso apanhar um táxi? (*<u>on</u>-de <u>poh</u>-so a-pa-<u>nyar</u> oom <u>tah</u>-xi*)

To this address, please
A esta direcção, por favor
(*a <u>esh</u>-ta dee-reh-<u>sawng</u>, por fa-<u>vor</u>*)

How much is it to the centre?
Quanto custa ao centro da cidade? (*<u>kwan</u>-to <u>koos</u>-ta ah-oo <u>sen</u>-troo da see-<u>dah</u>-de*)

Keep the change
Guarde o troco
(*<u>gwar</u>-de o <u>troh</u>-ko*)

To the airport, please
Ao aeroporto, por favor
(*ah-oo a-eh-ro-<u>por</u>-to por fa-<u>vor</u>*)

To the station, please
À estação, por favor
(*ah sh-ta-<u>sawng</u>, por fa-<u>vor</u>*)

I need a receipt
Necessito um recibo
(*ne-se-<u>see</u>-to oom re-<u>see</u>-bo*)

AIRPORT
AEROPORTO

arrival
chegada
(*sh-<u>gah</u>-da*)

departure
partida
(*par-<u>tee</u>-da*)

flight number
número do vôo
(*<u>noo</u>-me-ro do <u>vo</u>-ho*)

delay
demora
(*de-<u>moh</u>-ra*)

check-in
'check-in' (*check in*)

hand luggage
bagagem de mão (*ba-<u>gah</u>-gem de mawng*)

boarding card
cartão de embarque
*(kar-<u>tawng</u> de
em-<u>bahr</u>-ke)*

gate
portão *(por-<u>tawng</u>)*

valid, invalid
válido, inválido *(<u>vah</u>-lee-do, een-<u>vah</u>-lee-do)*

**baggage/luggage
claim**
reclamação de bagagens
*(re-kla-ma-<u>sawng</u> de
ba-<u>gah</u>-gens)*

lost property office
secção de perdidos e
achados *(seh-<u>csawng</u>
de per-<u>dee</u>-dos e
a-<u>shah</u>-dos)*

**Where do I get the
bus to the centre?**
Onde apanho o auto-
carro para o centro?
*(<u>on</u>-de a-<u>pa</u>-nyo o
ow-toh-<u>kah</u>-ro <u>pa</u>-ra
o <u>sen</u>-tro)*

**Where do I check in
for ...?**
Onde faço o 'check in'
para ...? *(<u>on</u>-de <u>fah</u>-so o
check in <u>pa</u>-ra ...)*

**An aisle/window
seat, please**
Um lugar na coxia/à
janela, por favor *(oom
loo-<u>gahr</u> na koo-<u>she</u>-ya/
ah ja-<u>neh</u>-la, por fa-<u>vor</u>)*

**Where is the gate for
the flight to ...?**
Qual é o portão de
embarque do voo
para ...? *(<u>kwal</u> <u>eh</u> o
por-<u>tawng</u> de em-<u>bahr</u>-ke
do <u>vo</u>-ho <u>pa</u>-ra ...)*

**I have nothing to
declare**
Não tenho nada a
declarar *(nawng the-<u>nyo</u>
<u>nah</u>-da a de-kla-<u>rahr</u>)*

**It's for my own
personal use**
É para meu uso pessoal
*(<u>eh</u> pa-ra <u>meh</u>-oo <u>oo</u>-zo
pe-soo-<u>ahl</u>)*

**The flight has been
cancelled**
O voo foi cancelado
*(o <u>voh</u>-oo <u>fo</u>-ye
kan-se-<u>lah</u>-do)*

**The flight has been
delayed**
O voo está atrasado
*(o <u>voh</u>-oo sh-<u>tah</u>
ah-tra-<u>zah</u>-do)*

ROAD TRAVEL/ CAR HIRE
VIAGEM POR ESTRADA/ALUGUEL DE AUTOMÓVEIS

Have you got a road map?
Tem um mapa de estradas? *(tehm oom mah-pa de sh-trah-das)*

How many kilometres is it to ...?
Quantos quilômetros são até ...? *(kwan-tos kee-loh-me-tros sawng a-teh ...)*

Where is the nearest garage?
Onde fica a garagem mais próxima? *(on-de fee-ka a ga-rah-gem mai-sh proh-see-ma)*

Fill it up, please
Encha o tanque, por favor *(en-sha o tan-ke, por fa-vor)*

Please check the oil, water, battery, tyres
Por favor verifique o óleo, água, bateria, pneus *(por fa-vor ve-ree-fee-ke*

o oh-lyo, ah-goo-a, ba-te-ria, p-ne-oos)

I'd like to hire a car
Quero alugar um carro *(keh-ro a-loo-gahr oom kah-ro)*

How much does it cost per day/week?
Quanto custa por dia/ semana? *(kwan-to koos-ta por dee-ya/ se-ma-na)*

What do you charge per kilometre?
Quanto cobram por quilômetro? *(kwan-to koh-bran por kee-loh-me-tr)*

Is mileage unlimited?
A quilometragem é ilimitada? *(a kee-loh-me-trah-gem eh ee-lee-mee-tah-da)*

Where can I pick up the car?
Onde está o carro? *(on-de sh-tah o kah-ro)*

Where can I leave the car?
Onde posso deixar o carro? *(on-de poh-so dey-shahr o kah-ro)*

garage
garagem/estação de serviço (*ga-rah-gem/ sh-ta-sawng de ser-vee-so*)

headlights
faróis (*fa-roy-sh*)

windscreen
pára-brisas
(*pah-ra bree-zas*)

indicator
pisca-pisca
(*peesh-ka-peesh-ka*)

What is the speed limit?
Qual é o limite de velocidade? (*kwal eh o lee-mee-te de ve-loo-see-dah-de*)

The keys are locked in the car
As chaves estão encerradas no carro (*as shah-ves sh-tawng en-se-rrah-das no kah-ro*)

The engine is overheating
O motor está quente demais (*o moo-tor sh-tah ken-te de-maish*)

Have you got ...?
Tem ...? (*tehm ...*)

- **a towing rope**
- um cabo de reboque
  (*oom kah-bo de re-boh-ke*)

- **a spanner**
- uma chave inglesa
  (*oo-ma shah-ve een-gleh-za*)

- **a screwdriver**
- uma chave de fendas
  (*oo-ma shah-ve de fen-das*)

ROAD SIGNS
SINAIS RODOVIÁRIOS

No through road
Rua sem saída (*roo-a sehm sa-yee-da*)

one-way street
rua de sentido único (*roo-a de sen-tee-do oo-nee-ko*)

entrance
entrada (*en-trah-da*)

exit
saída (*sa-yee-da*)

danger
perigo (*pe-ree-go*)

pedestrians
pedestres
(peh-dehs-tres)

Keep entrance clear
Não bloquear a entrada
(nawng bloo-ke-ahr a en-trah-da)

Residents only
Só para residentes *(soh pa-ra re-zee-den-tes)*

speed limit
limite de velocidade
(lee-mee-te de ve-loo-see-dah-de)

stop
parar *(pa-rahr)*

No entry
Proíbida a entrada *(pro-ee-bee-da a en-trah-da)*

roundabout
rotatória *(ro-tah-to-ree-a)*

Insert coins
Introduzir moedas
(in-troo-doo-zeer moo-eh-das)

No Parking
Proíbido estacionar *(pro-ee-bee-do sh-ta-see-yoo-nahr)*

parking garage
garagem de estaciona-mento *(ga-rah-gem de sh-ta-see-yoo-na-men-to)*

supervised car park
parque de estaciona-mento controlado *(pahr-ke de sh-ta-see-yoo-na-men-to kon-troo-lah-do)*

No right turn
Proíbido voltar à direita *(pro-ee-bee-do vol-tahr ah dee-ray-ta)*

cul de sac
beco sem saída *(beh-ko sehm sa-yee-da)*

roadworks
obras na estrada
(oh-bras na sh-trah-da)

detour
desvio *(des-vee-yo)*

Caution
Cuidado *(kwi-dah-do)*

uneven surface
piso irregular *(pee-zo e-re-goo-lahr)*

toll
portagem *(poo-rtah-gem)*

ACCOMMODATION
ALOJAMENTO

bed & breakfast
pensão *(pen-<u>sawng</u>)*

vacancies
quartos vagos *(<u>kwar</u>-tos <u>vah</u>-goos)*

Have you a room ...?
Tem um quarto ...?
(tehm oom <u>kwar</u>-to ...)

◆ **for tonight**
◆ para esta noite
(pa-ra <u>esh</u>-ta noy-te)

◆ **with breakfast**
◆ com café da manhã
(kom ka-<u>phee</u> da <u>man</u>-ya)

◆ **with bath**
◆ com banheira *(kom ban-<u>hey</u>-ra)*

◆ **with shower**
◆ com chuveiro *(kom shoo-<u>vey</u>-ro)*

◆ **a double room**
◆ quarto de casal *(<u>kwar</u>-too de ca-<u>zahl</u>)*

◆ **a single room**
◆ quarto individual *(<u>kwar</u>-too in-dee-vee-doo-<u>ahl</u>)*

◆ **a family room**
◆ quarto de família *(<u>kwar</u>-too de fa-<u>mee</u>-lya)*

How much is the room ...?
Quanto custa o quarto ...? *(<u>kwan</u>-too <u>koos</u>-ta o <u>kwar</u>-to)*

◆ **per day/week**
◆ por dia/semana *(por <u>dee</u>-a/se-<u>ma</u>-na)*

Have you got anything cheaper/ better?
Tem algo mais barato/ melhor? *(tehm <u>al</u>-goo mai-sh ba-<u>rah</u>-to/ me-<u>lyo</u>-r)*

May I please see the room?
Posso ver o quarto, por favor? *(<u>poh</u>-so ver o <u>kwar</u>-to, por fa-<u>vor</u>)*

Do you have a cot?
Tem um berço? *(tehm oom <u>behr</u>-so)*

What time is breakfast/dinner?
A que horas é o café da manhã/o jantar? *(a ke <u>aw</u>-ras eh o ka-<u>phee</u> da <u>man</u>-ya/jan-<u>tahr</u>)*

room service
serviço de quarto *(ser-<u>vee</u>-so de <u>kwar</u>-to)*

Please clean the bath
Por favor limpe a banheira *(por fa-<u>vor</u> <u>leem</u>-pe a ban-<u>hey</u>-ra)*

Please put fresh sheets on the bed
Por favor mude os lençóis *(por fa-<u>vor</u> <u>moo</u>-de os len-<u>soys</u>)*

Please don't touch ...
Por favor, não toque ... *(Por fa-<u>vor</u>, nawng <u>toh</u>-ke ...)*

♦ **my briefcase**
♦ minha pasta *(<u>mee</u>-nya <u>pash</u>-ta)*

♦ **my laptop**
♦ meu computador portátil *(me-oo kom-poo-ta-<u>dor</u> por-<u>tah</u>-teel)*

Please bring ...
Por favor traga ... *(Por fa-<u>vor</u> <u>trah</u>-ga ...)*

♦ **toilet paper**
♦ papel higiênico *(pa-<u>pehl</u> ee-jee-<u>eh</u>-nee-ko)*

♦ **clean towels**
♦ toalhas limpas *(too-<u>ah</u>-lyas <u>leem</u>-pas)*

My ... doesn't work
Meu/minha ... não funciona *(me-oo/ <u>mee</u>-nya ... nawng foon-see-<u>yon</u>-a)*

♦ **toilet**
♦ retrete/lavabo *(re-<u>treh</u>-te/la-<u>vah</u>-bo)*

♦ **bedside lamp**
♦ lâmpada de cabeceira *(<u>lum</u>-pa-da de ka-be-<u>sey</u>-ra)*

♦ **air conditioning**
♦ ar condicionado *(ahr kon-dee-see-oo-<u>nah</u>-do)*

There is no hot water
Não há água quente *(nawng ah <u>ah</u>-goo-a <u>ken</u>-te)*

RECEPTION
RECEPÇÃO

Are there any messages for me?
Há mensagens para mim? *(ah men-sah-gens pa-ra mee-m)*

Has anyone asked for me?
Alguém perguntou por mim? *(al-ghem per-goon-tow por mee-m)*

Can I leave a message for someone?
Posso deixar uma mensagem para alguém? *(poh-so dey-shar oo-ma men-sah-gem pa-ra al-ghem)*

Is there a laundry service?
Há serviço de lavandaria? *(ah ser-vee-so de la-van-da-ree-ya)*

I need a wake-up call at 7 o'clock
Pode acordar-me às 7 horas? *(poh-de a-koor-dar-me ahs se-te aw-ras)*

What number must I dial for room service?
Qual é o número para serviço de quarto? *(kwal eh o noo-me-ro pa-ra ser-vee-so de kwar-to)*

Where is the lift/ elevator?
Onde está o elevador? *(on-de sh-tah o e-le-va-dor)*

Do you arrange tours?
Organizam excursões? *(or-ga-nee-zam esh-koor-soyns)*

Please prepare the bill
Por favor, prepare a conta *(Por fa-vor, pre-pah-re a kon-ta)*

There is a mistake in this bill
Há um erro nesta conta *(ah oom eh-ro nesh-ta kon-ta)*

I'm leaving tomorrow
Saio amanhã *(sa-yoo a-mah-nia)*

43

SELF-CATERING
ALOJAMENTO COM
COZINHA

**Have you any
vacancies?**
Há vagas?
(ah _vah_-gash)

**How much is it
per night/week?**
Quanto custa por
noite/semana?
(_kwan_-to _koos_-ta por
noy-te/se-_ma_-na)

How big is it?
Qual é o tamanho?
(kwal eh o ta-_ma_-nyo)

**Do you allow
children?**
Permitem crianças? (per-
mee-tem kree-_an_-sas)

**Please, show me
how ... works**
Por favor, mostre-me
como funciona ... (Por
fa-_vor_, _mos_-tre-me
ko-mo foon-see-_oh_-na)

◆ **the cooker/stove/
oven**
◆ o fogão/o forno
(o foo-_gawng_/for-_no_)

◆ **the washing
machine**
◆ a máquina de lavar
(a _mah_-kee-na de
la-_vahr_)

◆ **the dryer**
◆ a secadora
(a se-ka-_doh_-ra)

◆ **the hair-dryer**
◆ o secador de cabelo
(o se-ka-_dohr_ de
ka-_beh_-lo)

◆ **the heater**
◆ o aquecedor
(o a-keh-se-_dor_)

◆ **the water heater**
◆ o esquentador de água
(o esh-ken-ta-_dor_ de
_ah_-goo-a)

Where is/are ...?
Onde está/estão ...? (on-
de sh-_tah_/sh-_tawng_ ...)

◆ **the keys**
◆ as chaves (as _shah_-ves)

◆ **the switch**
◆ o interruptor
(o in-te-_roop_-tor)

◆ **the fuses**
◆ os fusíveis
(os foo-_zee_-veys)

Is there ...?
Há ...? *(ah ...)*

- **a cot**
- um berço *(oom <u>behr</u>-so)*

- **a high chair**
- uma cadeira de criança
  (oo-ma ka-<u>dey</u>-ra de <u>kree</u>-an-sa)

- **a safe**
- um cofre
  (oom <u>kaw</u>-fre)

We need more ...
Precisamos de mais ...
(pre-see-<u>za</u>-mos de mai-sh)

- **cutlery**
- talheres
  (ta-<u>lye</u>-res)

- **crockery**
- louça *(<u>low</u>-sa)*

- **sheets**
- lençóis *(len-<u>soys</u>)*

- **blankets**
- cobertores
  (koo-ber-<u>toh</u>-res)

- **pillows**
- almofadas
  (al-moo-<u>fah</u>-das)

Is there ... in the vicinity?
Há ... na área?
(ah ... na <u>ah</u>-re-ya)

- **a shop**
- uma loja
  (oo-ma <u>loh</u>-ja)

- **a restaurant**
- um restaurante *(oom resta-oo-<u>ran</u>-te)*

- **a bus/tram**
- um autocarro/eléctrico
  (oom aw-toh-<u>ka</u>-ro/ e-<u>leh</u>-tree-ko)

We'd like to stay for three nights/a week
Gostaríamos de ficar por três noites/uma semana
(gos-ta-<u>ree</u>-ya-mos de <u>fee</u>-kar por tre-sh <u>noy</u>-tes/oo-ma se-<u>ma</u>-na)

I have locked myself out
Não posso entrar *(nawng <u>poh</u>-so en-tr-<u>ahr</u>)*

The window won't open/close
A janela não abre/fecha
(a ja-<u>neh</u>-la nawng <u>ah</u>-bre/<u>feh</u>-sha)

45

CAMPING
ACAMPAMENTO

caravan
caravana
(ka-rah-va-na)

Have you got a list of camp sites?
Tem uma lista dos parques de campismo?
(tehm oo-ma lees-ta dos pahr-kes de kam-pees-mo)

Are there any sites available?
Há lugares disponíveis?
(ah loo-ga-res dees-poo-nee-veys)

How much is it per night/week?
Quanto custa por noite/semana?
(kwan-to koos-ta por noy-te/se-ma-na)

Can we park the caravan here?
Podemos estacionar a caravana aqui?
(po-deh-mos sh-tah-see-yoo-nar a ka-ra-va-na a-kee)

Can we camp here overnight?
Podemos acampar aqui de noite? *(po-deh-mos a-kam-pahr a-kee de noy-te)*

This site is very muddy
Este lugar tem muita lama *(esh-te loo-gar tehm muy-ta la-ma)*

Is there a more sheltered site?
Há um lugar mais protegido? *(ah oom loo-gar mai-sh pro-te-gee-do)*

Do you have electricity?
Há electricidade?
(ah e-leh-tree-see-dah-de)

Is there ... in the vicinity?
Há aqui próximo ...?
(ah a-kee proh-see-mo ...)

◆ **a shop**
◆ uma loja
 (oo-ma loh-ja)

- **a restaurant**
- um restaurante *(oom resta-oo-ran-te)*

- **an eating place**
- um lugar para comer *(oom loo-gahr pa-ra koo-mer)*

- **a garage**
- uma estação de serviço *(oo-ma sh-ta-swang de ser-vee-so)*

We'd like to stay for three nights/a week
Gostaríamos de ficar por três noites/uma semana *(gosh-ta-ree-ya-mos de fee-kar por tre-sh noy-tes/oo-ma se-ma-na)*

Is there drinking water?
Há água potável? *(ah ah-goo-a po-tah-vehl)*

Can I light a fire here?
Posso acender fogo aqui? *(poh-so a-sen-der foh-go a-kee)*

I'd like to buy fire wood
Gostaria de comprar lenha *(goos-ta-ree-ya de kom-prar le-nya)*

Is the wood dry?
A lenha está seca? *(a le-nya sh-tah seh-ka)*

Do you have ... for rent?
Tem ... para alugar? *(tehm ... pa-ra a-loo-gahr)*

- **a tent**
- uma tenda *(oo-ma ten-da)*

- **a gas cylinder**
- uma botijão de gás *(oo-ma boo-tee-jawn de gha-sh)*

- **a groundsheet**
- um tapete imper-meável *(oom ta-peh-te im-per-me-yah-vel)*

Where is/are the nearest ...?
Onde fica/ficam ... mais perto? *(on-de fee-ka/ fee-kam mai-sh pehr-to)*

- **toilets**
- lavabos *(la-vah-bos)*

- **sink (for dishes)**
- lava-louça *(lah-va low-sa)*

CUTLERY
TALHERES

knife
faca *(fha-ka)*

fork, cake fork
garfo, garfo de bolo *(ghar-fo, ghar-fo de boh-lo)*

spoon, teaspoon
colher, colher de chá *(koo-lyer, koo-lyer de shah)*

crockery
louça *(low-sa)*

plate
prato *(prah-to)*

cup and saucer, mug
xícara e pires, caneca *(shee-ka-ra e pee-res, ka-neh-ka)*

BREAKFAST
CAFÉ DA MANHÃ

coffee
café *(ka-feh)*

◆ **black**
◆ sem leite *(sehm lay-te)*

◆ **with milk, cream**
◆ com leite, creme *(kom lay-te, kreh-me)*

◆ **without sugar**
◆ sem açúcar *(sehm a-soo-kar)*

tea
chá *(shah)*

◆ **with milk, lemon**
◆ com leite, limão *(kom lay-te, lee-mawng)*

bread
pão *(pawng)*

rolls
pãezinhos *(payn-zee-nyos)*

egg(s)
ovo(s) *(oh-voos)*

◆ **boiled – soft, hard**
◆ cozidos – mal, bem *(koo-zee-dos, mahl, beng)*

◆ **fried**
◆ estrelados *(esh-tre-lah-dos)*

◆ **scrambled**
◆ mexidos *(me-shee-dos)*

◆ poached
◆ escalfados
  (sh-kal-fah-dos)

◆ bacon and eggs
◆ *bacon* com ovos
  (ba-con kom oh-voos)

cereal
cereal *(se-re-ahl)*

hot milk, cold milk
leite quente, leite frio
(lay-te ken-te, lay-te free-yo)

fruit
fruta *(froo-ta)*

orange juice
suco de laranja
(soo-ko de la-ran-ja)

jam
compota
(kom-poh-ta)

marmalade
compota de laranja
(kom-poh-ta de la-ran-ja)

pepper
pimenta *(pee-men-ta)*

salt
sal *(sahl)*

LUNCH/DINNER
ALMOÇO/JANTAR

Could we have a table ...?
Tem uma mesa ...?
(tehm oo-ma meh-za)

◆ by the window
◆ perto da janela
  (pehr-to da ja-neh-la)

◆ outside
◆ lá fora *(lah foh-ra)*

◆ inside
◆ dentro *(den-troo)*

May I have ... ?
Pode trazer-me ... ?
(poh-de tra-zer-me ...)

◆ the wine list
◆ a lista de vinhos
  (a lees-ta de veen-yos)

◆ the menu of the day
◆ o menu do dia *(o men-u do dee-ya)*

◆ starters
◆ entradas
  (en-trah-das)

COMER E BEBER

- ◆ **main course**
- ◆ prato principal *(prah-too preen-see-pahl)*

- ◆ **dessert**
- ◆ sobremesa *(soh-bre-meh-za)*

- ◆ **the menu**
- ◆ o cardápio *(o kaar-daa-pee-o)*

I'll take the set menu
Eu quero o cardápio fixo *(eh-oo keh-ro o kaar-daa-pee-o fee-kso)*

What is this?
O que é isto? *(ke eh ee-sh-to)*

That is not what I ordered
Não é o que pedi *(nawng eh o ke pe-dee)*

It's tough, cold, off
Está duro, frio, estragado *(sh-tah doo-ro, free-yo, sh-tra-gah-do)*

What do you recommend?
Que recomenda? *(ke re-koo-men-da)*

Can I have the bill please?
Traga-me a conta, por favor? *(trah-ga-me a kon-ta por fa-vor)*

We'd like to pay separately
Queremos pagar separadamente *(ke-reh-mos pa-gahr se-pa-rah-da-men-te)*

There is a mistake
Há um erro *(ah oom eh-rro)*

Thank you, that's for you
Obrigado, é para si *(oh-bree-gah-do, eh pa-ra see)*

Keep the change
Guarde o troco *(gwar-de o troh-ko)*

> **DRINKS**
> BEBIDAS

a beer/lager – large, small
uma cerveja – grande, pequena *(oo-ma ser-veh-ja – gran-de, pe-keh-na*

51

glass (¼ litre) of cider
um copo (¼ litro) de sidra (*oom koh-po [¼ lee-tro] de see-dra*)

a dry white wine
um vinho branco seco (*oom vee-nyo bran-koo seh-ko*)

a sweet white wine
um vinho branco doce (*oom vee-nyo bran-ko doh-se*)

a light red wine
um vinho tinto leve (*oom vee-nyo teen-to leh-ve*)

a full-bodied red wine
um vinho tinto robusto (*oom vee-nyo teen-to roo-boos-to*)

new wine
vinho verde (*vee-nyo ver-de*)

house wine
vinho da casa (*vee-nyo da ka-za*)

a glass of wine with soda water
um copo de vinho com soda (*oom koh-po de vee-nyo kom soh-da*)

punch
ponche (*pon-sh*)

champagne
champanhe (*sham-pa-nye*)

a brandy
conhaque (*koh-nya-k*)

a whisky with ice
um uísque com gelo (*oom wee-shk kom jeh-lo*)

liqueur
licor (*lee-kor*)

a glass
um copo (*oom koh-po*)

a bottle
uma garrafa (*oo-ma ga-rah-fa*)

a mineral water – still, sparkling
uma água mineral – sem gás, com gás (*oo-ma ah-goo-a mee-ne-rall – sehm gash, kom gash*)

tap water
água da torneira (*ah-goo-a da toor-ney-ra*)

fruit juice
suco de fruta (*soo-ko de froo-ta*)

cola and lemonade
cola e limonada (_koh_-la
e lee-moo-_nah_-da)

another ... please
outro ... por favor
(_oh_-tro ... por fa-_vor_)

too cold
muito frio (_muy_-to
free-yo)

not cold enough
não está frio suficiente
(nawng sh-_tah_ _free_-yo
soo-fee-see-_yen_-te)

FOOD
COMIDA

SOUP, CREAM SOUP
SOPA, SOPA CREME
(_soh_-pa, _soh_-pa
kreh-me)

potato soup, mushroom soup
sopa de batata, sopa
de cogumelos
(_soh_-pa de ba-_tah_-ta,
soh-pa de koo-goo-
meh-los)

cabbage soup
sopa de couve
(_soh_-pa de _koh_-ve)

pea, bean, lentil soup
sopa de ervilha, feijão,
lentilhas (_soh_-pa de
er-_vee_-lya, fey-_jawng_,
len-_tee_-lyas)

consommé
consomê (kon-soh-_meh_)

FISH
PEIXE (_pey_-sh)

sole
linguado
(leen-goo-_ah_-do)

plaice
solha (_soh_-lya)

cod
bacalhau (ba-kah-_lyaw_)

perch
perca (_pehr_-ka)

salmon
salmão (sal-_mawng_)

herring
arenque (a-_ren_-ke)

trout
truta (_troo_-ta)

turbot
pregado (pre-_gah_-do)

tuna
atum (a-_toom_)

fried, grilled, sautéed
frito, grelhado, salteado
(_free_-to, gre-_lya_-do,
sal-te-_ya_-do)

POULTRY
AVES (_ah_-ves)

chicken
galinha (ga-_lee_-nya)

**crumbed roasted
chicken**
frango assado panado
(_fran_-goo as-_sah_-do
pan-_ah_-do)

duck
pato (_pah_-to)

goose
ganso (_gan_-so)

roasted
assado (as-_sah_-do)

MEAT
CARNE (_kar_-ne)

veal
de vitela (de vee-_teh_-la)

mutton, lamb
carne de carneiro
(_kar_-ne de kar-_ney_-ro)

beef
de vaca (de _va_-ka)

pork
carne de porco (_kar_-ne
de _por_-ko)

sausage
salsicha (sal-_see_-sha)

veal sausage
salsicha de vitela (sal-
see-sha de vee-_teh_-la)

venison
carne de veado
(_kar_-ne de vee-_ya_-do)

crumbed escalopes
escalopes panados
(es-ka-_loh_-pes
pan-_ah_-dos)

meat balls/cakes
almôndegas
(al-_mon_-de-gas)

**well done, medium,
rare**
bem-passado, médio,
mal-passado (bem
pas-_sah_-do, _mehd_-yoo,
mal pas-_sah_-do)

boiled, stewed
cozido, guisado (koo-
zee-do, ghee-_sah_-do)

smoked meats
carnes defumadas (_kar_-nes de-foo-_mah_-das)

platter of cold meats
prato de carnes frias (_prah_-to de _kar_-nes _free_-yas)

PASTA AND RICE
MASSA E ARROZ
(_mah_-ssa e ar-_rosh_)

pasta made with cottage cheese
massa feita com queijo fresco (_mah_-ssa _fey_-ta kom _key_-jo _fresh_-ko)

pasta with tomato sauce
massa com molho de tomate (_mah_-ssa kom _moh_-lyo de too-_mah_-te)

rice
arroz (ar-_rosh_)

VEGETABLES, SALAD AND FRUIT
VEGETAIS, SALADAS E FRUTA (ve-ge-_taish_, sa-_lah_-das e _froo_-ta)

eggplant
beringela (be-rin-_jeh_-la)

onion
cebola (se-_boh_-la)

cabbage
couve (_koh_-ve)

cauliflower
couve-flor (_koh_-ve _flohr_)

carrots
cenouras (se-_no_-ras)

green beans
feijão verde (fey-_jawng ver_-de)

leeks
alho poró (_ah_-lyo _poh_-roo)

asparagus
espargos (esh-_pahr_-gos)

peppers
pimentos (pee-_men_-tos)

pumpkin
abóbora (a-_boh_-boo-ra)

potatoes – boiled, fried, mashed
batatas – cozidas, fritas, puré (ba-_tah_-tas – koo-_zee_-das, _free_-tas, poo-_reh_)

lettuce
alface (al-_fah_-se)

beetroot
beterraba
(be-te-*rrah*-ba)

cucumber
pepino (pe-*pee*-no)

root celery
aipo (*ayee*-po)

lemon
limão (lee-*mawng*)

grapefruit
toranja (toh-*ran*-ja)

apples
maçãs (ma-*sangs*)

pears
pêras (*peh*-ras)

bananas
bananas (ba-*na*-nas)

pineapple
abacaxi (a-ba-*ca*-shee)

cherries
cerejas (se-*reh*-jas)

strawberries
morangos
(moo-*ran*-goos)

apricots
damascos
(da-*mash*-kos)

peaches
pêssegos
(*peh*-se-goos)

raspberries
framboesas
(fram-boo-*eh*-zas)

blackberries
amoras (a-*moh*-ras)

plums
ameixas (a-*mey*-shas)

prunes
ameixas secas
(a-*mey*-shas
seh-kas)

grapes
uvas (*oo*-vas)

dried fruit
fruta seca
(*froo*-ta *seh*-ka)

**passion fruit,
grenadilla**
maracujá
(ma-ra-koo-*jah*)

cranberries
arandos
(a-*ran*-doos)

fruit salad
salada de fruta
(sa-*lah*-da de *froo*-ta)

DESSERTS AND CAKES
SOBREMESAS E BOLOS

jelly
gelatina *(je-lah-tee-nah)*

crème caramel
pudim flan
(poo-deem flan)

meringue
merengue *(meh-ren-geh)*

pastry with apples and raisins
tarte de maçã com passas *(tar-te ma-sang kom pah-ssas)*

light fruitcake
bolo leve de frutas *(boh-lo leh-ve de froo-tas)*

plain sponge with crumble topping
pão-de-ló *(pawng de loh)*

fruit flan
flan de frutas
(flan de froo-tas)

marble cake
bolo de mármore
(boh-lo de mar-moo-re)

cheesecake
bolo de queijo
(boh-lo de kay-jo)

gateau with cherries and cream
torta de cerejas e natas *(tor-ta de se-reh-jas e nah-tas)*

poppyseed cake
bolo com sementes de papoula *(boh-lo kom se-men-tes de pa-poo-la)*

honey and almond tart
tarte de mel e amêndoas *(tar-te de mehl e a-men-doo-as)*

sponge cake with chocolate
bolo de chocolate *(boh-lo de shoo-koo-lah-te)*

flan with raspberry jam
flan com compota de framboesa *(flan kom kom-poh-ta de fram-boo-eh-za)*

gingerbread biscuits
biscoitos de gengibre *(beesh-koy-tos de gen-jee-bre)*

MONEY
DINHEIRO

bureau de change
agência de câmbio
(*a-gen-sya de kam-byo*)

cash dispenser/ATM
auto-banco
(*ah-oo-to ban-ko*)

Where can I change money?
Onde posso trocar dinheiro?
(*on-de poh-so troo-kahr deen-yay-ro*)

Where is an ATM, a bank?
Onde há um auto-banco, um banco?
(*on-de ah oom ah-oo-to ban-ko, oom ban-ko*)

When does the bank open/close?
Quando abre/fecha o banco? (*kwan-do ah-bre/feh-sha o ban-ko*)

How much commission do you charge?
Quanto cobram de comissão? (*kwan-to koh-bram de koo-mee-sawng*)

I want to ...
Quero ... (*keh-ro ...*)

- ◆ **cash a traveller's cheque**
- ◆ trocar um cheque de viagem (*troo-kahr oom sheh-k de vee-ya-jaym*)

- ◆ **change £50**
- ◆ trocar cinquenta libras (*troo-kahr sing-kwen-ta lee-bras*)

- ◆ **make a transfer**
- ◆ fazer uma transferência (*fah-zer oo-ma trans-fer-en-sya*)

POST OFFICE
CORREIO

How much is ...?
Quanto custa ...? (*kwan-to koos-ta*)

- ◆ **a letter**
- ◆ uma carta (*oo-ma kar-ta*)

◆ **a postcard to ...**
◆ um postal para ...
(oom posh-tahl pa-ra)

◆ **a small parcel**
◆ uma encomenda
pequena *(oo-ma en-koo-men-da pe-keh-na)*

Where can I buy stamps?
Onde posso comprar selos? *(on-de poh-so kom-prahr seh-los)*

SHOPPING
COMPRAS

What does it cost?
Quanto custa? *(kwan-to koos-ta)*

How much is it (total)?
Quanto é tudo?
(kwan-to eh too-do)

I need a receipt
Necessito um recibo
(ne-se-see-to oom re-see-bo)

Do you accept credit cards?
Aceitam cartões de crédito? *(a-say-tam kar-toyns de kreh-dee-to)*

Do you take traveller's cheques?
Aceitam cheques de viagem? *(a-say-tam sheh-kes de vee-ya-jaym)*

Where do I pay?
Onde devo pagar?
(on-de deh-vo pa-gahr)

Does that include VAT?
O IVA está incluído?
(o ee-va sh-tah een-kloo-ee-do)

Do you need a deposit?
Necessita um depósito?
(ne-se-see-ta oom de-poh-zee-to)

Can you please wrap it up for me?
Pode embrulhar por favor? *(poh-de em-brool-yar por fa-vor)*

This isn't what I want
Isto não é o que quero
(ee-sh-to nawng eh oo ke keh-ro)

This isn't correct (bill)
Isto não está correcto
(ee-sh-to nawng sh-tah koo-rreh-to)

I want my money back
Quero o meu dinheiro de volta (_keh_-ro o me-oo deen-_yay_-ro de _vol_-ta)

This is ...
Isto está ... (_ee_-sh-to sh-_tah_ ...)

◆ **broken**
◆ quebrado (ke-_brah_-do)

◆ **damaged**
◆ danificado (da-nee-phee-_cah_-do)

Can you repair it?
Pode repará-lo? (_poh_-de re-pa-_rah_-lo)

| BUYING FOOD |
| COMPRA DE COMIDA |

Where can I buy ...?
Onde posso comprar ...? (on-de _poh_-so kom-_prahr_)

◆ **bread**
◆ pão (_pawng_)

◆ **cake**
◆ bolo (_boh_-lo)

◆ **cheese**
◆ queijo (_kay_-jo)

◆ **butter**
◆ manteiga (man-_tay_-ga)

◆ **milk**
◆ leite (_lay_-te)

◆ **water**
◆ água (_ah_-goo-a)

◆ **wine**
◆ vinho (_vee_-nyo)

◆ **sparkling wine**
◆ vinho espumante (_vee_-nyo sh-_poo_-man-te)

◆ **beer**
◆ cerveja (ser-_veh_-ja)

◆ **fruit juice**
◆ sumo de fruta (_soo_-mo de _froo_-ta)

◆ **meat**
◆ carne (_kar_-ne)

◆ **ham**
◆ fiambre (fee-_yam_-bre)

◆ **polony/cold meats**
◆ carnes frias (_kar_-nes _free_-yas)

◆ **vegetables**
◆ verduras (ver-_doo_-ras)

- **fruit**
- fruta (_froo_-ta)

- **eggs**
- ovos (_oh_-voos)

I'll take ...
Levo ... (_leh_-vo)

- **one kilo**
- um quilo (oom _kee_-lo)

- **three slices**
- três fatias (_tre_-sh fa-_tee_-yas)

- **a portion of**
- uma porção de (oo-ma poor-_sawng_ de)

- **a packet of**
- um pacote de (oom pa-_koh_-te de)

- **a dozen**
- uma dúzia (oo-ma _doo_-zya)

BUYING CLOTHES
COMPRA DE ROUPA

Can I try this on?
Posso provar este/a? (_poh_- so proo-_vahr_ esh-te/a)

It is ...
É ... (eh ...)

- **too big**
- muito grande (_muy_-to _gran_-de)

- **too small**
- muito pequeno (_muy_-to pe-_keh_-no)

- **too tight**
- muito apertado (_muy_-to a-per-_tah_-do)

- **too wide**
- muito largo (_muy_-to _lahr_-go)

- **too expensive**
- muito caro (_muy_-to _kah_-ro)

I'll take ...
Levo ... (_leh_-vo)

- **this one**
- este/a (_esh_-te/a)

- **size 40**
- tamanho 40 (ta-_ma_-nyo kwa-_ren_-ta)

- **two**
- dois (_doys_)

CLOTHING SIZES – MEDIDAS DE ROUPA

Women's Wear

UK	Cont. Europe	USA
10	38	8
12	40	10
14	42	12
16	44	14
18	46	16

Menswear

UK	Cont. Europe	USA
36	46	36
38	48	38
40	50	40
42	52	42
44	54	44
46	56	46

Men's Shirts

UK	Cont. Europe	USA
14	36	14
14.5	37	14.5
15	38	15
15.5	39	15.5
16	41	16
17	43	17

Shoes

UK	Cont. Europe	USA
5	39	6
6	40	7
7	41	8
8	42	9
9	43	10
10	44	11
11	45	12

SIGHTSEEING
TURISMO

tourist office
Agência de turismo (a-*gen*-sya de too-*ree*-jmo)

Do you have brochures/leaflets?
Tem folhetos?
(tehm foo-*lye*-tos)

I/We want to visit ...
Queremos visitar ... (ke-*re*-mosh vee-zee-*tahr* ...)

When is it open/closed?
Quando está aberto/fechado? (*kwan*-do sh-*tah* a-*behr*-to/fe-*shah*-do)

What does it cost?
Quanto custa?
(*Kwan*-to *koos*-ta)

Are there any reductions for ...?
Há descontos para ...?
(*ah* des-*kon*-toos pa-ra)

◆ **children**
◆ crianças
(kree-*an*-sas)

◆ **senior citizens**
◆ pessoas idosas (pe-*soh*-as ee-*doh*-zas)

◆ **students**
◆ estudantes
(sh-too-*dan*-tes)

Are there any tours?
Há algumas excursões?
(*ah* al-*goo*-mas esh-koor-*soyngs*)

When does the bus depart/return?
Quando parte/regressa o ônibus? (*kwan*-do *pahr*-te/re-*greh*-ssa o oo-nee-boos)

From where does the bus leave?
Donde parte o ônibus?
(*don*-de *pahr*-te o oo-nee-boos)

Where is the museum?
Onde fica o museu?
(*on*-de *fee*-ka o moo-*zeh*-oo)

How much is the entrance fee?
Quanto custa a entrada?
(*kwan*-to *koos*-ta a en-*trah*-da)

ENTERTAINMENT
DIVERSÕES

Is there a list of cultural events?
Há uma lista de eventos culturais? (*ah oo-ma leesh-ta de e-ven-tos cool-too-rai-sh*)

Are there any festivals?
Há algum festival? (*ah al-goo-m fes-tee-val*)

I'd like to go to ...
Gostaria de ir ... (*goosh-tah-ree-a de ee-r ...*)

◆ **the theatre**
◆ ao teatro
(*a-oo te-ah-tro*)

◆ **the opera**
◆ à ópera (*ah oh-pe-ra*)

◆ **the ballet**
◆ ao ballet (*a-oo bah-leh*)

◆ **the cinema/movies**
◆ ao cinema
(*a-oo see-ne-ma*)

◆ **a concert**
◆ a um concerto
(*a oo-m kon-ser-to*)

Do I have to book?
Devo reservar? (*deh-vo re-zer-var*)

How much are the tickets?
Quanto custam os bilhetes? (*kwan-to koos-tam osh bee-lye-tes*)

Two tickets for ...
Dois bilhetes para ... (*doysh bee-lye-tes pa-ra*)

◆ **tonight**
◆ hoje à noite (*oh-ge ah noy-te*)

◆ **tomorrow night**
◆ amanhã à noite
(*a-mah-nia ah noy-te*)

◆ **the early show**
◆ a matinée
(*a mah-tee-neh*)

◆ **the late show**
◆ o último espectáculo
(*o ool-tee-mo sh-peh-tah-koo-lo*)

When does the performance start/end?
Quando começa/termina o espectáculo? (*kwan-do koo-meh-sa o sh-peh-tah-koo-lo*)

Where is ...?
Onde há ...?
(*on-de ah ...*)

+ **a good bar**
+ um bom bar
  (*oom bo-m ba-r*)

+ **good live music**
+ boa música ao vivo
  (*boh-a moo-zee-ka aw vee-vo*)

Is it ...?
É/está ...? (*eh/sh-tah ...*)

+ **expensive**
+ caro (*kah-ro*)

+ **noisy, crowded**
+ barulhento, muito cheio
  (*ba-roo-lyen-to, muy-to shey-yo*)

How do I get there?
Como chego lá?
(*ko-mo sheh-go lah*)

> **SPORT**
> ESPORTE

Where can we ...?
Onde podemos ...?
(*on-de poo-deh-mos*)

+ **go skiing**
+ esquiar (*sh-kee-yar*)

+ **play tennis/golf**
+ jogar tênis/golfe (*joo-gahr teh-nees/gol-phe*)

+ **go swimming**
+ nadar (*na-dahr*)

+ **go fishing**
+ pescar (*pesh-kahr*)

+ **go riding**
+ andar a cavalo
  (*an-dahr a ka-vah-lo*)

+ **go cycling**
+ andar de bicicleta
  (*an-dahr de bee-see-kleh-ta*)

+ **hire bicycles**
+ alugar bicicletas
  (*a-loo-gar bee-see-kleh-tas*)

+ **hire tackle**
+ alugar equipamento de pesca (*a-loo-gar e-kee-pa-men-to de pe-shka*)

+ **hire golf clubs**
+ alugar tacos de golfe
  (*a-loo-gar tah-koos de gol-phe*)

+ **hire skis**
+ alugar esquis
  (*a-loo-gar sh-kees*)

- **hire a boat**
- alugar um barco
  (a-*loo*-gar oom
  bar-ko)

- **hire skates**
- alugar patins
  (a-*loo*-gar pa-*teens*)

- **hire an umbrella**
- alugar um guarda-
  chuva (a-*loo*-gar
  oom *gwar*-da-
  shoo-va)

- **hire a deck chair**
- alugar uma cadeira
  de lona (a-*loo*-gar
  oo-ma ka-*dey*-ra de
  loh-na)

How much is it ...?
Quanto custa ...?
(*kwan*-to *koos*-ta ...)

- **per hour**
- por hora (por *ow*-ra)

- **per day**
- por dia (por *dee*-ya)

- **per session/game**
- por sessão/jogo (por
  se-*sawng*/*joh*-go)

Is it ...?
É/está ...? (*eh*/sh-*tah* ...)

- **deep**
- fundo
  (*foon*-do)

- **clean**
- limpo (*leem*-po)

- **cold**
- frio (*free*-yo)

**How do we get
there?**
Como chegamos lá?
(*ko*-mo sh-*ga*-mos *lah*)

No swimming/diving
Proíbido nadar/mergulhar
(proo-*ee*-bee-do
na-*dahr*/mer-goo-*lyar*)

Are there currents?
Há correntes?
(*ah* koo-*rren*-tes)

**Do I need a fishing
permit?**
Necessito duma licença
de pesca? (ne-se-*see*-to
doo-ma lee-*sen*-sa de
pesh-ka)

**Where can I get
one?**
Onde posso obtê-la?
(*on*-de *poh*-so
ob-*teh*-la)

Is there a guide for walks?
Há um guia para passeios? (*ah* oom *ghee*-ya *pa*-ra pa-*sey*-osh)

Do I need walking boots?
Preciso de botas de marcha? (pre-*see*-zo de *boh*-tas de *mar*-sha)

How much is a ski pass?
Quanto custa um passe de esqui? (*kwan*-to *koos*-hta oom *pah*-sse de sh-*kee*)

Is it safe to ski today?
É seguro esquiar hoje? (*eh* se-*goo*-ro sh-*kee*-ar *oh*-ge)

Run closed
Pista encerrada (*pee*-shta en-se-*rrah*-da)

avalanches
avalanches (ava-*lan*-shes)

I'm a beginner
Sou principiante (so-oo prin-see-pee-*yan*-te)

Danger
Perigo (pe-*ree*-go)

Which is an easy run?
Qual é uma pista fácil? (kwal *eh* oo-ma *pee*-shta fah-*seel*)

My skis are too long/short
Os meus esquis são muito compridos/curtos (oos me-*oos* sh-*kees* sawng *muy*-to kom-*pree*-dos/*koor*-tos)

We want to go ...
Queremos ir ... (ke-*reh*-mos eer ...)

- ### hiking
- fazer caminhadas (fa-*zher* ka-mee-*nya*-das)

- ### sailing
- velejar (ve-le-*jahr*)

- ### ice-skating
- patinar no gelo (pa-*tee*-nar noo *geh*-lo)

- ### water-skiing
- fazer esqui aquático (fa-*zher* sh-*kee* a-*kwa*-tee-ko)

PHARMACY/ CHEMIST
FARMÁCIA

health shop
loja de medicamentos naturais (*loh-ja de me-dee-ka-men-tos na-too-raish*)

Have you got something for ...?
Tem algo para ...? (*tehm al-goo pa-ra ...*)

- **diarrhoea**
- diarréia (*dee-ya-reya*)

- **cold, flu**
- resfriado, gripe (*res-free-ya-do, gree-pe*)

- **headache**
- dor de cabeça (*dohr de ka-beh-sa*)

- **a sore throat**
- dor de garganta (*dohr de gar-gan-ta*)

- **stomachache**
- dor de estômago (*dohr de sh-toh-ma-go*)

- **car sickness**
- enjôo de viagem (*en-jo-ho de vee-ya-jem*)

I need ...
Necessito de ... (*ne-se-see-to de...*)

- **indigestion tablets**
- comprimidos para indigestão (*kom-pree-mee-dos pa-ra in-dee-jes-tawng*)

- **laxative**
- laxante (*lah-shan-te*)

- **sleeping tablets**
- comprimidos para dormir (*kom-pree-mee-dos pa-ra dor-meer*)

- **a painkiller**
- um analgésico (*oom annal-jeh-zee-ko*)

Is it safe for children?
É seguro para crianças? (*eh se-goo-ro pa-ra kree-an-sas*)

I'm a diabetic
Sou diabético/a (*soh deeya-beh-tee-ko/a*)

71

I have high blood pressure
Sofro de tensão alta
(*soh-fro de ten-sawng al-ta*)

I'm allergic to ...
Sou alérgico/a a ...
(*soh a-lehr-gee-ko/a a ...*)

DOCTOR
MÉDICO

I am ill
Estou doente
(*shtoh doo-en-te*)

I need a doctor
Preciso dum médico
(*pre-see-zo doom meh-dee-ko*)

He/she has a high temperature
Tem febre
(*tehm feh-bre*)

It hurts
Dói (*doy*)

I am going to be sick!
Vou vomitar!
(*voh voo-mee-tar*)

dentist
dentista (*den-tees-ta*)

I have toothache
Doem-me os dentes
(*doh-em-me os den-tes*)

optometrist
optometrista
(*op-to-me-trees-ta*)

HOSPITAL
HOSPITAL

Will I have to go to hospital?
Tenho que ir para o hospital? (*ten-yo ke eer pa-ra o hos-pee-tal*)

Where is the hospital?
Onde fica o hospital? (*on-de-fee-ka o hos-pee-tal*)

Which ward?
Qual enfermaria? (*kwal enfer-ma-ree-ya*)

When are visiting hours?
Quais são as horas de visita? (*kwaish sawng as ow-ras de vee-zee-ta*)

Where is casualty?
Onde ficam as urgências? (*on-de fee-kam as oor-gen-syas*)

POLICE
POLÍCIA

Call the police
Chame a polícia
(sha-me a poo-lees-ya)

I have been robbed
Fui roubado
(fwee row-bah-do)

My car has been stolen
Roubaram o meu carro
(row-bah-ram o me-oo kah-roo)

My car has been broken into
Roubaram-me coisas do carro *(row-bah-ram-me koy-zas do kah-rro)*

I want to report a theft
Quero reportar um roubo
(keh-ro re-por-tahr oom row-bo)

I have been attacked
Fui atacado/a
(fwee a-ta-kah-do/a)

I have been raped
Fui estrupado/a
(fwee ess-troo-pah-do/a)

Where is the police station?
Onde fica a esquadra da polícia? *(on-de fee-ka a sh-kwa-dra da poo-lees-ya)*

EMERGENCIES
URGÊNCIAS

Call an ambulance
Chame uma ambulância
(sha-me oo-ma am-boo-lans-ya)

There's been an accident
Houve um acidente
(oh-ve oom a-see-den-te)

Someone is injured
Alguém está ferido
(al-ghem sh-tah fe-ree-do)

Hurry up!
Depressa!
(de-preh-ssa)

Could you please help me?
Pode ajudar-me por favor? *(poh-de a-joo-dar-me por fa-vor)*

Help!
Socorro! (soo-<u>koh</u>-rro)

This is an emergency!
É uma emergência!
(<u>eh</u> oo-ma ee-mer-
<u>gens</u>-ya)

My son/daughter is missing
O meu filho/filha
desapareceu
(o <u>meh</u>-oo <u>feel</u>-yo/<u>feel</u>-ya
deza-pare-<u>seh</u>-oo)

I need a report for my insurance
Necessito dum relatório
para o seguro
(ne-se-<u>see</u>-to doom
re-la-<u>toh</u>-ree-yo pa-ra
o se-<u>goo</u>-ro)

I want to phone my embassy
Quero chamar a minha
embaixada (<u>keh</u>-ro sha-
<u>mar</u> a <u>meen</u>-ya em-bai-
<u>shah</u>-da)

I am lost
Estou perdido/a
(shtoh per-<u>dee</u>-do/a)

He/she is ill
Está doente
(sh-<u>tah</u> doo-<u>en</u>-te)

FIRE DEPARTMENT
BOMBEIROS

Fire!
Fogo! (<u>foh</u>-go)

Look out!
Cuidado! (kwee-<u>dah</u>-do)

Call the fire department
Chame os bombeiros
(<u>sha</u>-me oos
bom-<u>bay</u>-roos)

It's an electrical fire
É um fogo eléctrico
(<u>eh</u> oom <u>foh</u>-go
eleh-<u>tree</u>-ko)

The address is ...
O endereço é ...
(o ende-<u>reh</u>-so <u>eh</u> ...)

I need ...
Necessito de ...
(ne-se-<u>see</u>-to de ...)

♦ **a fire extinguisher**
♦ um extintor
  (oom eish-<u>teen</u>-tor)

♦ **medical assistance**
♦ assistência médica
  (a-sees-<u>tens</u>-ya
  <u>meh</u>-dee-ka)

THE HUMAN BODY
O CORPO HUMANO

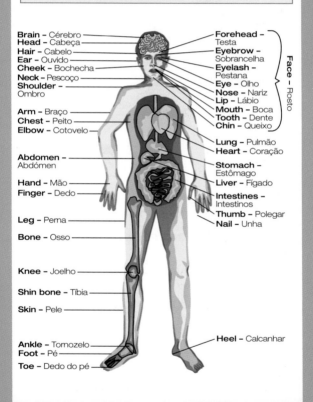

Brain – Cérebro
Head – Cabeça
Hair – Cabelo
Ear – Ouvido
Cheek – Bochecha
Neck – Pescoço
Shoulder – Ombro

Arm – Braço
Chest – Peito
Elbow – Cotovelo

Abdomen – Abdómen

Hand – Mão
Finger – Dedo

Leg – Perna

Bone – Osso

Knee – Joelho

Shin bone – Tíbia

Skin – Pele

Ankle – Tornozelo
Foot – Pé
Toe – Dedo do pé

Forehead – Testa
Eyebrow – Sobrancelha
Eyelash – Pestana
Eye – Olho
Nose – Nariz
Lip – Lábio
Mouth – Boca
Tooth – Dente
Chin – Queixo

Face – Rosto

Lung – Pulmão
Heart – Coração
Stomach – Estômago
Liver – Fígado
Intestines – Intestinos
Thumb – Polegar
Nail – Unha

Heel – Calcanhar

FORMS OF ADDRESS
RELAÇÕES SOCIAIS

There are two ways of translating the word
'you'. The formal way is *Você, o Senhor, a
Senhora*. This form of address is a sign of
respect, and would normally be used when
addressing elderly people, teachers, bosses,
shopkeepers and people you don't know very
well, especially if they are older than you.

The less formal translation of 'you' is *tu* –
the form generally used when addressing
family, friends and people you know well.
Nowadays *tu* is used more often than before.

GREETING PEOPLE
SAUDAÇÕES

When it comes to greeting each other, the
Portuguese people are rather formal, and the
usual form of greeting is to shake hands. This
applies to both young and old people.

Hugging is also a very Portuguese custom,
and men who know each other well will
usually hug each other.

Kissing varies from country to country. In
Portugal a greeting will usually consist of two

kisses, one on each cheek, whereas in some other countries, including Brazil, there will be three kisses on the cheeks.

Eye contact is important, and Latinos expect you to make eye contact whenever you speak to them. In many societies it is in fact considered rude not to establish and maintain eye contact.

MANNERS
ETIQUETA

The well-known fiery Latin temperament means that Portuguese people are usually quite outspoken and direct. This same temperament also leads to rather high levels of noise. The people speak loudly, and the drivers generally hoot a lot, so don't expect an especially quiet time when visiting a Portuguese-speaking country!

But there is also the Portuguese custom of resting after lunch, and in some Portuguese-speaking countries most things come to a standstill right then, when people have a rest.

Portuguese-speaking people can be very helpful towards strangers. The more you try to talk to them, no matter how excruciating

your Portuguese pronunciation is, the more
they will want to help you. They may even
offer to accompany you to the place you are
trying to find. So it would be worth your while
to learn the basics of the language before
you visit a Portuguese-speaking country,
whether on holiday or on a business trip. If
you make the effort it will be appreciated.

COMMUNICATION
COMUNICAÇÃO

There are many Portuguese words that can't
be simply and literally translated into English,
for example words like *relações* (relationship),
comida (food) or *passeio* (a walk), which
have many more connotations attached to
them than their literal meanings tell us.

The Portuguese phrase *dar um passeio*, for
instance, literally means 'to go for a walk', but
it carries with it social images such as people
out for a leisurely walk with family or friends,
sitting and relaxing at a sidewalk café, seeing
people and in turn being seen by others. In
Portuguese-speaking countries to go for a
walk means something entirely different to
what it means to English-speaking people.

FOOD AND MEALS
COMIDA E REFEIÇÕES

Just as the geography of the Portuguese-speaking world is very extensive, so too is its cuisine. If you talk about Portuguese food in Southern Africa, you are probably referring to Mozambican or Angolan food. But this food is quite different from the food in Portugal. Many Mozambican and Angolan dishes are spiced with piri-piri and use traditional local ingredients. In the Portuguese-speaking countries of Africa, cooking is essentially geared for outdoors and the spices are hot and strong.

In Brazil there are many exotic spices and ingredients that other cultures and races have introduced into the culinary repertoire. There may be many differences between the food in Brazil and Portugal, even when the names and ingredients are similar. In the same way, grilled chicken in Portugal can be very different from the 'churrasco' in Angola, for example.

In Brazil, the most famous national dish is *feijoada*. Originally this was what the slaves ate because they had nothing else. It is a spicy black bean stew cooked with smoked sausages, salt pork, sun-dried beef and other meats. *Farofa* (manioc flour) is shaken on top, and the whole delicious concoction is eaten with kale cabbage leaves, rice and orange slices. The family lunch on a Saturday often consists of *feijouada*, and it can go on for most of the afternoon, followed by a siesta. In Brazil, the main meal is usually taken in the middle of the day.

There are many delicious drinks on offer in Brazil. *Guaraná* is a popular fizzy drink, as is iced coconut milk, often served from the nut. Then there are the tasty *sucos*, or fruit juices, and also maté, the strong herbal tea of the cowboys. Beer is also a popular drink in Brazil, especially Pilsener.

But the best drink of all is the national drink of Brazil – the *caipirinha*. It is made with *cachaça* or *batida* – Brazil's staple white sugar-cane rum – and it is shaken with limes, crushed ice and castor sugar. Delicious.

Meal times vary from country to country and also from season to season. Portuguese people tend to eat dinner at around 20:00, but often later, especially in summer.

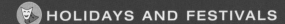

OFFICIAL HOLIDAYS
FERIADOS OFICIAIS

New Year's Day
Dia de ano novo
(1 January)
Exuberant parties and dances are held on 31 December – *a noite do ano velho* – so most people spend New Year's Day recovering.

Epiphany
Epifania do Senhor
(6 January)
A religious holiday commemorating the manifestation of Christ to the Three Kings.

Easter
Semana Santa
(March/April)
The Easter weekend includes Good Friday – *Sexta-feira Santa* – which is preceded by *Quinta-feira Santa* ('Good Thursday'), as well as Easter Sunday (*Domingo de Páscoa*) and Easter Monday (*Segunda-feira Santa*). Special Easter church services are held around the country.

Tiradentes Day
Dia do Tiradentes
(21 April)
Commemorates the execution in 1792 of Joaquim José da Silva Xavier, a conspirator in the 1789 revolt against Portugal. A dentist by trade, he was nick-named Tiradentes (tooth-puller). Today he is honored each year as the civic patron of the Brazilian nation.

Discovery Day
Dia do Descobrimento
(22 April)
Anniversary of the discovery of Brazil by Pedro Álvares Cabral in 1500.

May Day, Labour Day
Dia do Trabalho
(1 May)
Labour Day is an official holiday for all the workers around the world.

Corpus Christi
Corpus Christi
(May/June)
This is an official holiday in Brazil, so most businesses will be closed on this day. The festival of Corpus Christi takes place on the 8th Thursday or 60 days after Easter.

Independence Day
Dia da Independência
(7 September)
Anniversary of Brazil's declaration of independence from Portugal by Dom Pedro II in 1822.

All Saints' Day
Dia de Todos os Santos
(1 November)
A religious holiday celebrated by Christians to honour all the saints.

Republic Day
Dia da República
(15 November)
This is the anniversary of the proclamation of 1889, which removed Dom Pedro II from power.

Immaculate Conception
Imaculada Conceição
(8 December)
A religious holiday commemorating the conception of Christ.

Christmas
Natal
(25 December)
From the first Sunday of Advent private and public festivities mark this special season, leading up to the highlight of Christmas Eve (*Noite de Natal*).

REGIONAL HOLIDAYS
FERIADOS REGIONAIS

Saint Sebastian
São Sebastião
(20 January)
This holiday is specific to the city of Rio de Janeiro.

Founding of São Paulo
Aniversário de São Paulo
(25 January)
Commemorates the birth of the city of São Paulo.

Our Lady of Regla
Nossa Senhora dos Navegantes
(2 February)
This holiday is celebrated in the city of Salvador, and also in Porto Alegre.

Saint George
São Jorge (23 April)
In Rio de Janeiro only.

Constitutionalist Revolution
Revolução Constitucionalista (9 July)
In the State of São Paulo only.

Our Lady of the Good Trip
Nossa Senhora da Boa Viagem
(15 August)
Celebrated in the city of Belo Horizonte only.

Farroupilha's Revolution
Revolução Farroupilha
(20 September)
This holiday is celebrated in the state of Rio Grande do Sul.

Zumbi of Palmares, Black Consciousness Day
Zumbi dos Palmares, Dia da Consciência Negra
(20 November)
Holiday celebrated in the state of Rio de Janeiro only.

Our Lady of Conceição
Dia de Nossa Senhora da Conceição
(8 December)
State of Ceará only.

CARNIVAL
CARNAVAL

Carnaval is celebrated throughout Brazil, and also in Portugal, Mozambique and Angola. The best-known of all is the world-famous Rio de Janeiro Carnaval. The festivities start on Carnival Friday (51 days before Easter) and last for five days (until the Tuesday 47 days before Easter).

Carnaval has always been a western Christian celebration. Street parades and theme floats, bands and masked balls were popular all over Europe in the late Middle Ages. Carnaval in old Italian means the last celebration prior to forsaking meat, *carnelevare*, before the 40 fasting days of Lent, leading up to Easter Sunday.

Carnaval came to Rio de Janeiro via Portuguese immigrants from the mid-Atlantic islands of Cabo Verde and Madeira. At the time it consisted of a mild dousing of one's neighbour with water or flour, and was accompanied by much laughter.

The first parade in Rio de Janeiro was in 1786, percussion bands were later added and the first samba school was launched in the working-class suburb of Estácio in 1928. Carnaval parade was initially held in one of several streets in Rio, with the competition for selection intense. Finally it moved to the more formal Sambo-drómo in 1984.

Not everyone approved of this move, so there are plenty of *bandas* (marching bands) rehearsing in the streets long before the official proces-sions. Increasingly, these more amateur offshoots are coming into their own. You can join in the proces-sion – hundreds do.

There are open *banda* parades all over Rio – in Cpoacabana, Leme, Av Rio Branco, Boulevard 28, Setembro – often on Saturdays before Carnaval, or on Car-naval Saturday itself.

There is a permanent exhibition of costumes and display photos covering the many years of Carnaval in the new Carnaval and Citizenship Cultural Center in the Sambo-drómo. It is here that workshops of the vari-ous samba schools give training lessons to people from low-income communities, teaching them float construction and design. In the shop you can buy drums and tambourines made by the students.

Officially Carnaval lasts for five days, but in Rio it can start weeks earlier and for some it never really ends.

ENGLISH → PORTUGUESE

A

abbey mosteiro m
abortion aborto m
about (approximately)
cerca de,
aproximadamente
above sobre
abroad no estrangeiro
abscess abscesso m
absolutely certamente,
claro
accelerator
acelerador m
accent acento,
sotaque m
accept aceitar
accident acidente m
accommodation
acomodação m
account conta f
accurate exato/a
ache dor f
adapter adaptador m
adhesive tape
fita f
admission fee
entrada f
adult (adj, n) adulto/a
advance, in advance
avanço, adiantado
advertisement
anúncio m
advice conselho m
advise aconselhar
aeroplane avião m
afraid, be afraid of
receoso/a, ter medo de
after depois

afternoon tarde
afterwards depois,
mais tarde
again outra vez, de novo
against contra
age idade f
agree concordar, estar
de acordo
agreement acordo m
air ar m
air conditioning
ar condicionado
air ticket bilhete de
avião m
airmail correio aéreo
airport aeroporto m
aisle corredor
aisle seat lugar no
corredor
all right muito bem,
ótimo
allow permitir, deixar
almond amêndoa f
almost quase
alone só
already já
also também
although embora,
apesar de
altogether tudo junto
always sempre
a.m. (before noon)
de manhã
am, I am eu sou/estou
amazing extraordinário
amber âmbar m
ambulance
ambulância f

among entre
amount montante **m**, quantidade **f**
anaesthetic anestésico **m**
ancient velho/a
and e
angry bravo
animal animal **m**
ankle tornozelo **m**
anniversary aniversário **m**
annoy irritar, incomodar
annual anual
another outro/a
answer (n) resposta **f**
answer (vb) responder
ant formiga **f**
antacid antiácido
anybody alguém, qualquer pessoa
anything qualquer coisa
apartment apartamento, andar **m**
apology desculpa **f**
appendicitis apendicite **f**
appointment encontro marcado **m**, consulta
approximately aproximadamente
apron avental **m**
are és/está, somos/estamos, são/estão
area área **f**
armchair poltrona **f**
arrange arranjar
arrest prender
arrival chegada **f**

arrive chegar
art arte **f**
artist artista **m/f**
ask perguntar
astonishing espantoso, surpreendente
at a, em
attack (n) ataque **m**
attack (vb) atacar
attic sótão **m**
audience audiência **f**
aunt tia **f**
auto-teller banco automático **m**
autumn outono **m**
available disponível
avalanche avalancha **f**
avenue avenida **f**
average média **f**
avoid evitar
awake acordar
away longe, fora
awful terrível, horrível

B
baby food comida para bebês
back costas **f**
backache dor nas costas
backpack mochila **f**
bacon *bacon*
bad mau/má
bag saco **m**, bolsa **f**
baggage bagagem **f**
baggage reclaim reclamação de bagagem

ENGLISH → PORTUGUESE

bait isca f
bakery padaria f
balcony varanda f, balcão m
ballpoint pen caneta f
Baltic Sea Mar Báltico
bandage ligadura f
bar of chocolate barra de chocolate
barber's shop barbearia f
bark (vb) latir
barn celeiro m
barrel barril m
basement subsolo f
basket cesto/a
bath banheira f
bathroom banheiro m
bay baía f
bay leaf folha de louro
be ser, estar
beach praia f
bean feijão m, fava f
beard barba f
beautiful bonito/a, lindo/a
beauty salon salão de beleza
because porque
because of por causa de
bed cama f
bed & breakfast pensão f
bed linen roupa de cama
bedspread colcha f
bee abelha f

beef carne de vaca
beer cerveja f
before antes, antes de
beginner principiante m/f
behind atrás
Belgian (adj, n) Belga m/f
Belgium Bélgica
believe acreditar
bell campainha f, sino m
below em baixo
belt cinto m
bend dobrar
beside junto a
bet apostar
better melhor
beyond para além de
bicycle bicicleta f
big grande
bill conta f
bin lixo
binoculars binóculos m
bird pássaro m
birth nascimento m
birth certificate certidão de nascimento
birthday aniversário m
birthday card cartão de parabéns m
birthday present presente de aniversário m
biscuit biscoito m
bit um pouco
bite (vb) morder
black preto/a
blackcurrant groselha f

blanket manta f, cobertor m
bleach (vb) branquear
bleed sangrar
blind (n) persiana f
blind (adj) cego/a
blister bolha de água f
block of flats conjunto de apartamentos
blocked bloqueado/a
blood sangue m
blood pressure tensão arterial
blouse blusa f
blow-dry secar
blue azul
blunt rombo/a, embotado/a
blusher rouge m
boar javali m
boarding card cartão de embarque
boarding house pensão f
boat barco m
boat trip viagem de barco
body corpo m
boil (n) furúnculo m
boil (vb) ferver
bone osso m
bonnet (car) capô m
book livro m
bookshop livraria f
boots botas f
border margem f, fronteira f

boring aborrecido/a, chato/a
born nascido/a
borrow pedir emprestado
both ambos, os dois
bottle garrafa f
bottle opener abridor de garrafas, saca-rolhas
bottom (at the) no fundo
bow tie gravata borboleta m
bowl taça f
box caixa f
boy menino m
boyfriend namorado m
bra sutiã m
bracelet pulseira f
brake (n) freio m
brake fluid óleo dos freios
brake light luz dos freios
branch (office) filial f
brand marca f
brandy aguardente f, conhaque m
bread pão m
break quebrar
breakable frágil m/f
breakdown (of car) quebrar
breakdown van pronto-socorro m
breakfast café da manhã
break-in roubo m
breast seio m

breathe respirar
breeze brisa f
brewery fábrica de cerveja
brick tijolo m
bride noiva f
bridegroom noivo m
bridge ponte f
briefcase pasta f
bright brilhante
bring trazer
bring in introduzir
brochure panfleto m
broken quebrado/a
bronchitis bronquite
brooch broche m
broom vassoura f
brother irmão m
brother-in-law cunhado m
brown castanho
bruise (n) machucado m
brush escova f
Brussels Bruxelas
bucket balde m
buffet car vagão-restaurante
buggy carrinho de criança
build construir
building edifício m
bulb (light) lâmpada f
bulb (plant) bolbo m
bumper pára-choques mpl
bun pãozinho m
bunch molho, cacho m

bureau de change serviço de câmbio
burglar ladrão/ladra m/f
burglary assalto, roubo m
burn queimar
burst estourar, arrebentar
bus ônibus m
bus stop ponto de ônibus
bush arbusto m
business negócios mpl
business trip viagem de negócios
busy ocupado/a
but mas
butcher açougueiro/a m/f
butter manteiga f
butterfly borboleta f
button botão m
buy comprar
by por
bypass (road) desvio m

C
cab táxi m
cabbage couve f
cabin cabina f
cable car teleférico m
cake bolo m
cake shop pastelaria f
calculator calculadora f
calf vitela/o
call (n) chamada f
call (vb) chamar
calm calma
camp (vb) acampar

ENGLISH → PORTUGUESE

camp site acampamento

can (n) lata f

can (vb) poder

can opener abre-latas m

Canada Canadá

canal canal m

cancel cancelar

cancellation cancelamento m

cancer câncer m

candle vela f

candy bombons m, bala f

canoe canoa f

cap boné, gorro m

capital (city) capital f

capital (money) capital m

car carro, automóvel m

car ferry barca para carros f

car hire aluguel de carros

car insurance seguro de carros

car keys chaves do carro

car parts peças do carro

car wash lavagem de carros

caravan caravana f

caravan site parque de campismo

carburettor carburador m

card cartão m

cardboard cartão, papelão m

cardigan casaco de lã m

careful! cuidado!

caretaker porteiro/a

carpenter carpinteiro m

carpet carpete f

carriage vagão m

carrier bag bolsa f, saco m

carrot cenoura f

carry carregar

carry-cot berço portátil m

carton caixa de papelão f

case caso m, caixa f

cash dinheiro de contado

cash desk caixa f

cash dispenser auto-banco m

cash register máquina registadora

cashier caixa m

cassette cassete f

castle castelo m

casualty department urgências

cat gato/a m/f

catch apanhar

cathedral catedral f

Catholic católico/a m/f

cauliflower couve-flor f

cave caverna f, gruta f

CD player leitor de CDs

ceiling teto m

ENGLISH → PORTUGUESE

ENGLISH → PORTUGUESE

celery aipo m
cellar adega f
cemetery cemitério m
Centigrade centígrado m
centimetre centímetro m
central heating aquecimento central
central locking fechadura central
centre centro m
century século m
certain certo
certainly certamente, claro
certificate certificado m
chair cadeira f
chair lift cadeira elevadora f
chambermaid criada de quarto
champagne champanhe m
change (n) troco m
change (vb) trocar
changing room vestiário m
channel canal m
chapel capela f
charcoal carvão m
charge carregar
charge card cartão de crédito
charter flight vôo fretado
cheap barato/a

cheap rate taxa reduzida f
cheaper mais barato
check (vb) registrar, conferir
check in fazer o registro
cheek bochecha f, atrevimento m
Cheers! Viva! Saúde!
cheese queijo m
chef cozinheiro/a m/f
chemist farmacêutico/a m/f
cheque cheque m
cheque book livro de cheques
cheque card cartão de identidade bancário
cherry cereja f
chess xadrez m
chest peito m
chest of drawers cômoda f
chestnut castanha f
chewing gum chiclete m, goma de mascar f
chicken galinha f, frango m
chicken pox varicela f
child criança f
child car seat cadeira de carro para crianças
chimney chaminé f
chin queixo m
China China
china porcelana f
chips batatas fritas fpl
chives cebolinha f

chocolate chocolate m
chocolates bombons **mpl**
choir coro m
choose escolher
chop cortar
Christian name nome de batismo
Christmas Natal m
Christmas Eve Noite de Natal
church igreja f
cider sidra f
cigar charuto m
cigarette cigarro m
cigarette lighter isqueiro m
cinema cinema m
circle círculo m
cistern cisterna f
citizen cidadão m, cidadã f
city cidade f
city centre centro da cidade
class classe f
clean (adj) limpo/a
clean (vb) limpar
cleaning solution detergente m
cleansing lotion loção de limpeza
clear (adj) claro/a
clever esperto/a, inteligente
client cliente m/f
cliff penhasco m, falésia f

climate clima m
climb subir
cling film plástico para envolver
clinic clínica f
cloakroom vestiário m
clock relógio m
closed encerrado/a
cloth tecido m, pano m
clothes roupas fpl
clothes line viral m
clothes peg prendedor
clothing roupa f
cloud nuvem f
clutch (car) embreagem f
coach carruagem f
coal carvão m
coast costa f
coastguard guarda costas
coat casaco m
coat hanger cabide m
cockroach barata f
cocoa cacau m
coconut coco m
cod bacalhau m
code código m
coffee café m
coil (contraceptive) DIU (dispositivo intra-uterino)
coil (rope) corda enrolada
coin moeda f
Coke Coca-Cola f
colander coador m

cold frio/a
collapse (vb) ter um colapso
collar gola f, colarinho m
collarbone clavícula f
colleague colega m/f
collect receber, cobrar
collect call chamada à cobrar
colour cor f
colour blind daltónico/a
colour film filme a cores
comb (n) pente m
comb (vb) pentear
come vir
come back voltar, regressar
come in entrar, chegar
comedy comédia f
comfortable confortável
company companhia f
compartment compartimento m
compass bússola f
complain queixar-se
complaint queixa f
completely completamente
composer compositor/a m/f
compulsory obrigatório/a
computer computador m
concert concerto m
concession concessão f
concussion comoção violenta

condition condição f
condom preservativo m, camisinha f
conference conferência f
confirm confirmar
confirmation confirmação f
confused confuso/a
Congratulations! Parabéns! Felicitações!
connecting flight escala, conexão
connection (elec) conexão f
connection (phone) ligação telefônica f
conscious consciente
constipated com prisão de ventre, constipado/a
consulate consulado m
contact contato m
contact lenses lentes de contato
continue continuar
contraceptive contraceptivo m
contract contrato m
convenient conveniente
cook (n) cozinheiro/a m/f
cook (vb) cozinhar
cooker fogão m
cookie biscoito m, bolacha f
cooking utensils utensílios de cozinha
cool fresco/a

cool bag, cool box caixa frigorífica

copy (n) cópia f

copy (vb) copiar

cork cortiça f, rolha f

corkscrew saca-rolhas m

corner esquina f

correct (adj) correto/a

corridor corredor m

cost custo m

cot berço m, cama de criança

cotton algodão m

cotton wool algodão

couch sofá m

couchette liteira f

cough (n) tosse f

cough (vb) tossir

cough mixture xarope contra a tosse

Could I? Poderia? Posso?

couldn't não poderia

counter balcão m

country país m

countryside campo m, região rural

couple casal m

courier service serviço de entrega/courier

course curso m

cousin primo/a m/f

cover charge entrada f

cow vaca f

crab caranguejo m

craft artesanato m

cramp caimbra f

crash (vb) chocar

crash helmet capacete m

crazy tolo/a, louco/a

cream creme m

crèche créche

credit card cartão de crédito

crime crime m

crisps batatas fritas fpl

crockery louça f

cross (n) cruz f

cross (vb) cruzar, atravessar

crossing cruzamento m

crossroads encruzilhada f

crossword puzzle palavras cruzadas fpl

crowd multidão f

crowded repleto/a

crown coroa f

cruise cruzeiro m

crutches muletas fpl

cry (n) grito

cry (vb) chorar

cucumber pepino m

cufflinks botões de punho mpl

cup chávena f, taça f

cupboard armário m

curly encaracolado/a

currency moeda f

current corrente

curtain cortina f

cushion almofada f

ENGLISH → PORTUGUESE

custard mingau, creme
custom costume m
customer cliente m/f
customs alfândega f
cut cortar
cutlery talheres mpl
cycle (vb) andar de
  bicicleta
cycle track
  velódromo m
cyst quisto m
cystitis cistite f
Czech Republic
  República Checa

D
daily diariamente
damage (n) dano m
damp (n) humidade f
dance (vb) dançar
danger perigo **(n)**
dangerous perigoso/a
dark escuro/a
date (appointment)
  encontro m
date (fruit) tâmara f
date (of year) data f
date of birth data de
  nascimento
daughter filha f
daughter-in-law nora f
dawn amanhecer m
day dia m
dead morto/a
deaf surdo/a
deal tratado m
dear querido/a
death morte f

debts dívidas fpl
decaffeinated
  descafeinado/a
December Dezembro
decide decidir
decision decisão f
deck chair cadeira de
  praia
deduct deduzir
deep profundo/a,
  fundo/a
definitely claro,
  definitivamente
degree (measure-
  ment) grau m
degree (qualification)
  título m, posição social
delay demora f
deliberately
  deliberadamente
delicious delicioso/a
deliver entregar
delivery entrega f
Denmark Dinamarca
dental floss fío dental m
dentist dentista m/f
dentures dentaduras fpl
depart partir
department secção f
department store
  grande armazém, lojas
  de departamento
departure partida f
departure lounge sala
  de embarque
deposit depósito m
describe descrever
description descrição f

desert deserto m
desk mesa de escritório
dessert sobremesa f
destination destino m
details pormenores, detalhes mpl
detergent detergente m
detour desvio m
develop desenvolver, revelar
diabetic diabético/a
dial (vb) marcar
dialling code código de chamada
dialling tone sinal, toque
diamond diamante m
diaper fralda f
diarrhoea diarréia f
diary diário m, agenda f
dice dados mpl
dictionary dicionário m
die morrer
diesel diesel m, gasóleo m
diet dieta f
difference diferença f
different diferente
difficult difícil
dinghy bote m
dining room sala de jantar f
dinner jantar m
direct (adj) direto/a
direction direção f
dirty sujo/a
disabled inválido/a
disappear desaparecer

disappointed desiludido/a
disaster desastre m
disconnected desligado/a
discount desconto m
discover descobrir
disease doença f
dish prato m
dishtowel pano de prato
dishwasher máquina de lavar louça f
disinfectant desinfetante m
disk disco m
disposable diapers/ nappies fraldas descartáveis
distance distância f
district distrito m
disturb incomodar
dive mergulhar
diving board prancha de natação
divorced divorciado/a
DIY shop loja 'Faça-Você-Mesmo'
dizzy atordoado/a
do fazer
doctor médico/a
document documento m
dog cachorro m
doll boneca f
domestic doméstico/a
door porta f
doorbell campainha f
doorman porteiro m

ENGLISH → PORTUGUESE

double dobro, duplo
double bed cama de casal
double room quarto de casal
doughnut fritura f
downhill encosta, pela encosta abaixo
downstairs em baixo
dozen dúzia f
drain cano de esgoto
draught corrente de ar
draught beer cerveja de barril
drawer gaveta f
drawing desenho m
dreadful terrível
dress vestido m
dressing (bandage) ligadura f
dressing (salad) tempero m
dressing gown roupão m
drill (n) broca f
drink (n) bebida f
drink (vb) beber
drinking water água potável
drive conduzir
driver condutor/a
driving licence cateira de motorista
drop (n) gota f
drug (medicine) medicamento m
drug (narcotic) droga f
drunk bêbedo/a

dry seco/a
dry cleaner's limpeza a seco
dryer secador m
duck pato/a m/f
due a pagar
dull lento/a, monótono/a
dummy tonto m
during durante
dust pó m, poeira f
dustbin lixo m
duster pano de pó m
dustpan pá de lixo f
Dutch, Dutchman, Dutchwoman (adj, n) Holandês/ Holandesa m/f
duty-free isento de direitos
duvet edredon m
duvet cover capa para o edredon
dye (n) tinta f
dye (vb) tingir
dynamo dínamo m

E
each cada
eagle águia f
ear orelha f, ouvido m
earache dor de ouvido
earphones fones de ouvido mpl
earrings brincos mpl
earth terra f
earthquake terremoto f
east leste m
Easter Páscoa f

Easter egg ovo de
  Páscoa
easy fácil
eat comer
EC Comunidade
  Européia
economy economia f
economy class classe
  econômica
edge borda f
eel enguia f
egg ovo m
either ... or ou ... ou
elastic elástico/a
elbow cotovelo m
electric elétrico
electrician
  eletricista m/f
electricity electricidade f
elevator elevador m
embassy embaixada f
emergency
  emergência f
emergency exit saída
  de emergência
empty vazio/a
end fim m
engaged (occupied)
  ocupado/a
**engaged (to be
  married)** noivo/a,
  comprometido/a
engine motor m
engineer engenheiro/a
England Inglaterra
English (language)
  Inglês m

English Channel Canal
  da Mancha
**English, Englishman/
  woman** Inglês,
  Inglês/Inglesa m/f
enjoy disfrutar, gozar
enlargement
  ampliação f
enough bastante,
  suficiente
enquiry informação f
enquiry desk balcão
  de informações
enter entrar
entrance entrada f
entrance fee preço de
  entrada
envelope envelope m
epilepsy epilepsia f
epileptic epilético/a
equipment
  equipamento m
error erro m
escalator escada
  rolante
escape (vb) escapar
especially especialmente
essential essencial
estate agent corretor
  de imóveis
Estonia Estónia
EU União Européia
Europe Europa
European (adj, n)
  Europeu/Européia
even (adj) uniforme,
  plano/a
even (adv) até, mesmo

ENGLISH → PORTUGUESE

evening tardinha **f**, noite **f**
eventually finalmente
every cada um/a, todos/as
everyone cada um/a, todos/todas
everything tudo
everywhere em toda a parte
exactly exatamente
examination exame **m**
example, for example exemplo **m**, por exemplo
excellent excelente
except exceto
excess luggage excesso de bagagem
exchange (n) câmbio **m**
exciting excitante
exclude excluir
excursion excursão **f**
excuse (n) desculpa **f**
Excuse me! Desculpe!
exhaust pipe tubo de escape
exhausted exausto/a
exhibition exposição **f**
exit saída **f**
expect esperar
expenses despesas **fpl**
expensive caro/a
experienced com experiência
expire caducar, vencer
explain explicar
explosion explosão **f**

export exportar
exposure exposição **f**, revelação
express (train) trem expresso
extension extensão **f**
extension lead cabo de extensão
extra extra
extraordinary extraordinário/a
eye olho **m**
eye drops colírio
eye make-up remover demaquilante para olhos
eye shadow sombra dos olhos

F
fabric tecido **m**
façade fachada **f**
face face **f**, cara **f**
factory fábrica **f**
faint (vb) desmaiar
fair (fête) feira **f**
fair (blonde) louro/a
fair (just) justo/a
fairly bastante
fake (vb) falsificar
fake (adj) falso/a
fall (vb) cair
family família **f**
famous famoso/a
fan ventilador **m**
fanbelt correia da ventoinha
far (adj) longe

far (adv) distante
fare tarifa f, frete m
farm sítio, fazenda f
farmer fazendeiro/a
farmhouse casa da fazenda
fashionable na moda
fast rápido/a
fasten apertar, prender
fasten seatbelt apertar o cinto de segurança
fat gordo/a
father pai m
father-in-law sogro m
fatty gorduroso/a
fault erro m, defeito m
faulty deficiente, defeituoso/a
favourite preferido/a
fax fax m
February Fevereiro m
feed (vb) alimentar
feel sentir
feet pés mpl
female (adj) feminino/a
female (n) fêmea f
fence vedação f
fender pára-choques
ferry barco de travessia
festival festival m
fetch buscar, trazer
fever febre f
few, a few poucos/as, alguns/algumas
fiancé, fiancée noivo/a
field campo m
fight (n) luta f, briga f
fight (vb) lutar, brigar

file (folder) arquivo m
file (tool) lima f
fill, fill in, fill up encher, preencher
fillet filete m
filling (sandwich) recheio m
filling (tooth) obturação f, chumbo m
film (n) película f, filme m
film (vb) filmar
film processing revelação dos negativos
filter filtro m
filthy sujo/a
find encontrar
fine (adj) fino/a
fine (n) multa f
finger dedo m
finish (vb) acabar, terminar
fire fogo m
fire brigade bombeiros mpl
fire exit saída de emergência
fire extinguisher extintor de incêndios
first, at first primeiro/a, no início
first aid primeiros socorros mpl
first-aid kit caixa de primeiros socorros
first class primeira classe
first floor primeiro andar
first name primeiro nome

ENGLISH → PORTUGUESE

fish peixe m
fishing permit licença de pesca
fishing rod vara de pesca
fishmonger's peixaria f
fit (healthy) em forma
fitting room cabina de prova
fix (vb) resolver, arranjar, concertar
fizzy efervescente, gasoso/a
flannel flanela f
flash (of lightning) relâmpago m
flashlight lanterna de bolso
flask frasco m
flat (n) apartamento m
flat battery bateria descarregada
flat tyre pneu furado
flavour sabor m
flaw defeito m
flea pulga f
flight vôo m
flip flops chinelo de dedo
flippers barbatanas fpl
flood inundação f
floor (of room) chão m
floor (storey) andar m
floorcloth pano de chão m
florist florista f
flour farinha f
flower flor f
flu gripe f

fluent fluente
fly (vb) voar
fog nevoeiro m
folk gente f
follow seguir
food comida f, alimento m
food poisoning intoxicação alimentar
food shop mercearia f
foot pé m
football futebol m
football match jogo de futebol
footpath caminho m
for para
forbidden proibido/a
forehead testa f
foreign estrangeiro/a
foreigner estrangeiro/a
forest floresta f
forget esquecer
fork garfo m
form (document) impresso m
form (shape) forma f
formal formal, convencional
fortnight quinzena f
fortress fortaleza f
fortunately felizmente
fountain fonte f
four-wheel drive de tração às quatro rodas
fox raposa f
fracture fratura f
frame armação f, moldura f

France França
free livre
freelance autônomo/a, independente
freeway auto-estrada f
freezer congelador m
French, Frenchman/ woman Francês/ Francesa
French fries batatas fritas fpl
frequent frequente
fresh fresco/a
Friday sexta-feira f
fridge geladeira f
fried frito/a
friend amigo/a
friendly amável, simpático/a
frog rã f
from (origin) de
from (time) desde
front frente f
frost geada f
frozen congelado/a
fruit fruta f
fruit juice suco de fruta
fry fritar
frying pan frigideira f
fuel gasolina f, combustível m
fuel gauge ponteiro do combustível
full cheio/a
full board pensão completa
fun (n) diversão f
fun (adj) divertido/a

funeral funeral m
funicular funicular m
funny engraçado/a
fur pele de animal f
fur coat casaco de peles
furnished mobilado/a
furniture mobília f
further mais distante
fuse fusível m
fuse box caixa de fusíveis
future futuro m

G
gallery galeria f
gallon galão m
game jogo m
garage garagem f
garden jardim m
garlic alho m
gas gás m
gas cooker fogão a gás
gate portão m
gay alegre m/f, homossexual m/f
gay bar bar gay
gear engrenagem f
gear lever marcha
general geral
generous generoso/a
Geneva Genebra
gents' toilet toilet masculino m
genuine genuíno/a
German Alemão m, Alemã f
German measles rubéola f
Germany Alemanha

ENGLISH → PORTUGUESE

get obter
get off escapar, descer
get on subir
get up levantar-se
gift oferta **f**, presente **m**
girl rapariga **f**
girlfriend namorada **f**
give dar
give back devolver
glacier glaciar **m**
glad alegre **m/f**
glass (tumbler) copo **m**
glasses (spectacles) óculos **mpl**
gloomy escuro/a, triste
gloves luvas **fpl**
glue cola **f**
go ir
go (by car) conduzir
go (on foot) caminhar
go away ir embora
go back voltar
goat cabra **f**
God Deus **m**
goggles óculos de proteção
gold ouro **m**
golf club (place) clube de golfe
golf club (stick) taco de golfe
golf course campo de golfe
good bom/boa
good afternoon boa tarde
good day bom dia

good evening boa noite
Good Friday Sexta-feira Santa
good luck boa sorte
good morning bom dia
good night boa noite
goodbye adeus
goose ganso **m**
Gothic Gótico/a
government governo **m**
gradually pouco a pouco, gradualmente
gram grama **m**
grammar gramática **f**
grand grande
granddaughter neta **f**
grandfather avô **m**
grandmother avó **f**
grandparents avós **mpl**
grandson neto **m**
grapes uvas **fpl**
grass relva **f**
grated ralado/a
grateful agradecido/a
gravy molho de carne
greasy gorduroso/a
great grande, vasto, importante
Great Britain Grã-Bretanha
Greece Grécia
Greek Grego/a
green verde **m/f**
greengrocer's venda, quitanda **f**
greeting saudação **f**

grey cinzento/a
grilled grelhado/a
ground terra f
ground floor térreo
group grupo m
guarantee garantia f
guard guarda m/f
guest hóspede m/f
guesthouse casa de hóspedes, pensão
guide guia m/f
guide book guia de turismo
guided tour excursão com guia
guitar guitarra f
gun arma de fogo
gym ginásio m

H

hail granizo m
hair cabelo m
hairbrush escova do cabelo
haircut corte de cabelo
hairdresser cabeleireiro/a
hairdryer secador de cabelo
half (adj) meio/a
half (n) metade
hall salão m
ham presunto m
hamburger hambúrguer m
hammer martelo m
hand mão f

hand luggage bagagem de mão
handbag bolsa de mão
handbrake travão de mão
handicapped inválido/a
handkerchief lenço de bolso
handle cabo m, puxador m
handmade feito à mão
handsome formoso/a, elegante
hang up (phone) desligar
hanger gancho m, cabide m
hang-gliding vôo livre
hangover ressaca f
happen acontecer
happy feliz
Happy Easter! Páscoa Feliz!
Happy New Year! Feliz Ano Novo!
harbour porto m
hard duro/a
hardly dificilmente, apenas
hardware shop loja de ferragens
harvest colheita f
hat chapéu m
have ter
have to ter de, dever
hay fever febre do feno
hazelnut avelã f
he ele m

ENGLISH → PORTUGUESE

ENGLISH → PORTUGUESE

head cabeça f
headache dor de cabeça
headlights faróis dianteiros
headphones fones m
health food shop loja de alimentos naturais
healthy saudável
hear ouvir, escutar
hearing aid aparelho para a surdez
heart coração m
heart attack ataque de coração
heartburn azia f
heat calor m
heater aquecedor m
heating aquecimento m
heavy pesado/a
heel calcanhar m, salto m
height altura f
helicopter helicóptero m
helmet capacete m
Help! Socorro!
help (vb) ajudar
hem bainha f
her lhe, ela, a ela
herbal tea chá de ervas
herbs ervas fpl
here aqui
hernia hérnia f
hide esconder
high alto/a
high blood pressure tensão arterial elevada
high chair cadeira alta

him, to him ele, lhe, a ele
hip anca f
hip replacement substituição da cabeça do fêmur
hire (vb) alugar
hire car carro de aluguel
his seu, sua
historic histórico/a
history história f
hit bater em, atingir
hitchhike pegar carona
hold segurar
hole buraco m
holidays férias fpl
holy sagrado/a
home casa f
homesickness saudades fpl
homosexual homossexual
honest honesto/a
honey mel m
honeymoon lua de mel
hood (car) capô m
hood (garment) capuz m
hope esperança f
hopefully tomara que
horn (animal) corno m
horn (car) buzina f
horse cavalo m
horse racing corridas de cavalos
horse riding passeio a cavalo
hose pipe mangueira f

hospital hospital **m**
hospitality hospitalidade **f**
hostel hospedaria **f**
hot quente
hot spring termas **fpl**
hot-water bottle saco de água quente
hour hora **f**
hourly (adj) de hora em hora
hourly (adv) continuamente
house casa **f**
house wine vinho da casa
housework trabalho doméstico
hovercraft aerodeslizador **m**
How? Como?
How are you? Como vai!
How do you do? Como está?
How many? Quantos?
How much is it? Quanto custa?
humid húmido/a
humour humor **m**
Hungarian Húngaro/a
Hungary Hungria
hungry com fome
hunt caçar
hunting permit licença de caça
hurry (vb) apressar-se
hurt (vb) magoar, doer

hurts dói
husband marido **m**
hydrofoil hidrofólio **m**
hypodermic needle agulha hipodérmica

I
I eu
ice gelo **m**
ice cream sorvete **m**
ice rink pista de gelo
ice skates patins **mpl**
iced coffee café gelado
idea idéia **f**
identity card carteira de identidade
if se
if not se não
ignition ignição **f**
ignition key chave de ignição
ill doente
illness doença **f**
immediately imediatamente
important importante
impossible impossível
improve melhorar
in em, dentro
inch polegada **f**
included incluído/a
inconvenience inconveniência **f**
incredible incrível
Indian Indiano/a
indicator indicador/a
indigestion indigestão **f**

ENGLISH → PORTUGUESE

indoor pool piscina coberta
indoors dentro de casa
infection infecção f
infectious contagioso/a
inflammation inflamação f
inflate encher de ar
informal informal
information informação f
ingredients ingredientes mpl
injection injecção f
injured ferido/a
injury dano, ferimento m
ink tinta f
in-laws sogros mpl
inn hospedaria f
inner tube câmara-de-ar f
insect inseto m
insect bite picada de inseto
insect repellent repelente de insetos
inside dentro
insist insistir
insomnia insônia f
inspect inspecionar
instant coffee café instantâneo
instead em vez de
insulin insulina f
insurance seguro m
intelligent inteligente
intend pretender, ter a interção de
interesting interessante

international internacional
interpreter intérprete
intersection intercepção f
interval intervalo m
into para
introduce introduzir, apresentar (people)
investigation investigação f
invitation convite m
invite convidar
invoice fatura f
Ireland Irlanda
Irish, Irishman/woman Irlandês, Irlandesa
iron (n, appliance) ferro de engomar
iron (n, metal) ferro m
iron (vb) engomar, passar a ferro
ironing board tábua de passar
ironmonger's ferreiro m
is é
island ilha f
it (direct object) o/a
it (indirect object) lhe
it (subject) ele/ela
Italian (adj, n) Italiano/a
Italian (language) Italiano m
Italy Itália
itch (n) comichão, coceira f
itch (vb) coçar

J

jack (car) macaco m
jacket casaco m, jaqueta f
jam compota f
jammed obstruído/a
January Janeiro
jar frasco m
jaundice icterícia f
jaw maxilar f
jealous ciumento/a
jelly geléia f
jellyfish acalefa, medusa
jersey suéter m
Jew, Jewish Judeu/Judia, Judaico/a
jeweller's joalharia f
jewellery jóias fpl
job trabalho m
jog (n) trote m
jog (vb) fazer jogging
join ligar
joint articulação, juntura
joke anedota f
journey viagem, jornada
joy alegria f
judge juíz m
jug jarro m
juice suco m
July Julho
jump (n) salto m
jump (vb) saltar
jump leads cabos de conexão da bateria
junction junção f
June Junho
just (fair) justo/a
just (only) somente

K

keep guardar
Keep the change! Guarde o troco!
kettle chaleira eléctrica
key chave f
key ring chaveiro m
kick dar pontapé, chutar
kidney rim m
kill matar
kilo quilo m
kilogram quilograma m
kilometre quilômetro m
kind amável
king rei m
kiosk quiosque m
kiss (n) beijo m
kiss (vb) beijar
kitchen cozinha f
kitchenette cozinha pequena
knee joelho m
knickers calcinhas fpl
knife faca f
knit tricotar
knitting needle agulha de tricô
knitwear roupa de malha
knock bater, chocar
knock down abater
knock over derrubar
know saber

L

label etiqueta f
lace renda f

ENGLISH → PORTUGUESE

ladder escada de
mão m
ladies' toilet 'senhoras'
ladies' wear roupa de
senhora
lady senhora f
lager cerveja leve e clara
lake lago m
lamb cordeiro m
lamp lâmpada f
land terra f
landlady proprietária f
landlord proprietário m
landslide desabamento
de terra
lane ruela f
language idioma m
language course
curso de línguas
large grande
last último/a
last night ontem à noite
late tarde
later logo, mais tarde
Latvia Letônia
laugh (n) risada f
laugh (vb) rir
**launderette,
  laundromat**
lavandaria automática
laundry lavandaria f
lavatory lavabo,
lavatório m
law lei f
lawyer advogado/a
laxative laxante m
lazy preguiçoso/a

lead (n, metal)
chumbo m
lead (vb) guiar, levar
lead-free sem chumbo
leaf folha f
leaflet folheto m
leak (n) fuga, escape
leak (vb) pingar, gotejar
learn aprender
lease (n) contrato m
lease (vb) arrendar
leather pele f,
couro m
leave sair, deixar
leek alho poró m
left, to the left
esquerda/o, para a
esquerda
left-hand drive
condução à esquerda
left-handed canhoto/a
leg perna f
lemon limão m
lemonade limonada f
lend emprestar
lens lente m
lenses lentes m/f
lentil lentilha f
lesbian lésbica f
less menos
lesson lição f
let (vb, allow) permitir,
deixar
let (vb, hire) alugar
letter carta f
letterbox caixa do
correio
lettuce alface f

level crossing passagem de nível

lever alavanca f

library biblioteca f

licence licença f

lid tampa f

lie (n, untruth) mentira f

lie (vb) mentir

lie down deitar-se

life vida f

life belt cinto salva-vidas

life insurance seguro de vida

life jacket colete salva-vidas

lifeguard socorrista m/f

lift (n) elevador m

lift (vb) levantar

light (adj, colour) claro/a

light (adj, weight) leve

light (n) luz f

light (vb) acender, iluminar

light bulb lâmpada f

lightning relâmpago m

like (prep.) como

like (vb) gostar

lime lima f

line linha f

linen linho m, roupa de cama

lingerie roupa interior

lion leão m

lipstick batom m

liqueur licor m

list lista f

listen ouvir

Lithuania Lituânia

litre litro m

litter (n) lixo m

litter (vb) desarrumar, sujar

little pequeno/a

live viver

lively vivo/a, animado/a

liver fígado m

living room sala de estar

loaf um pão

lobby vestíbulo m, entrada f

lobster lagosta f

local local

lock (n) fechadura f

lock (vb) fechar à chave, trancar

lock in guardar à chave

lock out impedir de entrar

locked in debaixo de chave, tracado, preso

locker armário com chave

lollipop pirulito m

long (adj, size) longo/a, comprido/a

long (adj, time) muito tempo

long-distance call chamada interurbana

look after cuidar de

look at olhar

look for procurar

look forward to esperar ansiosamente

loose solto/a

lorry caminhão m

lose perder

lost perdido/a

lost property propriedade perdida

lot muito/a

loud ruidoso/a

lounge sala de estar, salão m

love (n) amor m

love (vb) amar

lovely encantador/a

low baixo/a

low fat magro/a

luck sorte f

luggage bagagem f

luggage rack porta-bagagens m

luggage tag etiqueta f

luggage trolley trólei para bagagem

lump pedaço m, inchaço m

lunch almoço m

lung pulmão m

Luxembourg Luxemburgo

luxury luxo m

M

machine máquina f

mad maluco/a

made feito/a

magazine revista f

maggot larva de insecto, gusano

magnet íman, imã m

magnifying glass lupa f

maid criada, empregada f

maiden name nome de solteira

mail (n) correio m

mail (vb) enviar pelo correio

main principal

main course prato principal

main post office correio central

main road rua principal

mains switch interruptor principal

make fazer

male masculino m

man homem m

man-made fibre fibra sintética

manager gerente m/f

manual manual

many muitos/as

map mapa m

marble mármore m

March Março

market mercado m

marmalade doce de laranja

married casado/a

marsh pântano m

mascara rímel m

mashed potatoes puré de batata

mask máscara f
Mass (rel) missa f
mast mastro m
match (sport) desafio m
matches (for lighting) fósforos
material tecido m
matter assunto m
matter – it doesn't matter não faz mal
mattress colchão m
May Maio
may poder
maybe talvez
mayonnaise maionese f
me me, a mim
meal refeição f
mean (intend) significar
mean (nasty) mau/má
measles sarampo m
measure (n) medida f
measure (vb) medir
meat carne f
mechanic mecânico/a
medical insurance seguro médico
medicine (drug) medicamento m
medicine (science) medicina f
medieval medieval
Mediterranean Mediterrâneo m
medium médio/a
medium dry (wine) meio seco
medium rare (meat) mal passada

medium sized de tamanho médio
meet encontrar
meeting reunião f
melon melão f
melt derreter
men homens
mend remendar
meningitis meningite f
menswear roupa de homem
mention mencionar
menu ementa f
meringue merengue m
message mensagem f
metal metal m
meter contador m
metre metro m
metro metrô m
microwave oven forno microondas
midday meio-dia m
middle meio
midnight meia-noite f
might (vb) poder
migraine enxaqueca f
mile milha f
milk leite m
minced meat carne moída
mind mente f, espírito m
mineral water água mineral
minister ministro m
mint hortelã, menta
minute minuto m
mirror espelho m
Miss Senhorita f

ENGLISH → PORTUGUESE

missing desaparecido/a, perdido/a
mist neblina f
mistake erro m
misunderstanding mal-entendido m
mix (vb) misturar
mix-up (n) confusão f
mix up (vb) confundir
mobile phone telemóvel m
moisturizer creme hidratante
moment momento m
monastery mosteiro m
Monday Segunda-feira f
money dinheiro m
money belt cinto para dinheiro
money order vale postal
month mês m
monthly por mês
monument monumento m
moon lua f
mooring ancoragem f
more mais
morning manhã f
mosque mesquita f
mosquito mosquito m
most o maior, a maioria
mostly principalmente
moth traça f
mother mãe f
mother-in-law sogra f
motor motor m
motorbike motocicleta f

motorboat barco a motor, lancha f
motorway estrada f, auto-estrada f
mountain montanha f
mountain rescue socorro para alpinistas
mountaineering alpinismo m
mouse rato m
moustache bigode m
mouth boca f
mouth ulcer afta f
mouthwash elixir para a boca
move mover
move house mudar de casa
Mr Sr.
Mrs Srª Dª
Ms Srª
much muito/a
mud lama f
mug caneca f
mugged atacado/a
mumps papeira f
muscle músculo m
museum museu m
mushroom cogumelo m
musician músico/a
Muslim Muçulmano/a
mussel mexilhão m
must dever
mustard mostarda f
mutton carneiro m
my meu, minha
myself eu mesmo/a

116

N
nail unha f, prego m
nail brush escova de unhas
nail file lima de unhas
nail polish/varnish verniz/esmalte de unhas
nail polish remover dissolvente de verniz
nail scissors tesourinha de unhas
name nome m
nanny ama de crianças
napkin guardanapo m
nappy fralda f
narrow estreito/a
nasty desagradável, mau/má
national nacional
nationality nacionalidade f
natural natural
nature natureza f
nature reserve reserva natural
nausea náusea f
navy marinha de guerra
navy blue azul marinho m
near (adv) perto, próximo
near (adj) vizinho/a
nearby (adj) perto, próximo
nearby (adv) à mão, perto
nearly quase

necessary necessário/a
neck pescoço m
necklace colar m
need (n) necessidade f
need (vb) necessitar
needle agulha f
negative (photo) negativo m
neighbour vizinho/a
neither ... nor nem ... nem
nephew sobrinho m
nest ninho m
net rede f
Netherlands Países Baixos
never nunca
new novo/a
New Year Ano Novo
New Year's Eve véspera de Ano Novo
New Zealand, New Zealander Nova Zelândia, neozelandês
news notícias fpl
news stand banca de jornal f
newspaper jornal m
next seguinte, próximo/a
nice agradável
niece sobrinha f
night, last night noite f, ontem à noite
nightdress camisa de noite
no não
nobody ninguém

ENGLISH → PORTUGUESE

noise barulho m
noisy barulhento/a
non-alcoholic sem álcool
non-smoking não fume
none nenhum/a
north norte m
North Sea Mar do Norte
Northern Ireland Irlanda do Norte
Norway Noruega
Norwegian norueguês/ norueguesa
nose nariz m
not não
note nota f
notebook caderno m
notepaper papel de carta
nothing nada
nothing else nada mais
noticeboard quadro de avisos
novel romance m
November Novembro m
now agora
nudist beach praia nudista
number número m
number plate matrícula m
nurse enfermeira/o
nursery (plants) viveiro m
nursery school escola infantil

nursery slope rampa para principiantes
nut noz f
nut (for bolt) porca f

O
oak carvalho m
oar remo m
oats aveia f
obtain obter
occasionally de vez em quando
occupation ocupação f
occupied (e.g. toilet) ocupado/a
ocean oceano m
October Outubro m
odd (number) número ímpar
odd (strange) casual, estranho/a
of de
off desligado/a
office escritório m
often muitas vezes
oil óleo m
ointment pomada f
OK Muito bem!
old velho/a
old-age pensioner aposentado/a
old-fashioned fora de moda
olive azeitona f
olive oil azeite m
omelette omelete f
on em, sobre
once uma vez

one um/a
one-way street rua de sentido único
onion cebola f
only (adj) único/a
only (adv) somente
open aberto/a
open ticket bilhete aberto
opening times hora de abertura
opera ópera
operation operação f
operator (phone) telefonista m/f
ophthalmologist oftalmologista m/f
opposite oposto/a
optician oculista m/f
or ou
orange laranja f
orange juice suco de laranja
orchestra orquestra f
order (n) ordem f, encomenda f
order (vb) encomendar
organic vegetables vegetais orgânicos
other outro/a
otherwise de outra maneira, senão
our nosso/a
out fora, fora de
out of order avariado/a
outdoors ao ar livre
outside exterior, lá fora

outskirts arrabaldes mpl
oven forno m
ovenproof refratário/a, travessa f
over sobre, em cima de
over here aqui
over there além, lá
overcharge cobrar em excesso
overcoat sobretudo m
overdone passado demais
overheat aquecer demais
overnight durante a noite
overtake ultrapassar
owe dever
owl coruja f
owner proprietário/a

P
pacemaker marca passo
pacifier chupeta f
pack (vb) empacotar
package embalagem f
package holiday férias organizadas
packet pacote m, maço (cigarettes)
padlock cadeado m
page página f
paid pago/a
pail balde m
pain dor f
painful doloroso/a, triste

painkiller analgésico m
paint (n) pintura f, tinta f
paint (vb) pintar
painting quadro m
pair par m
palace palácio m
pale pálido/a
pan caçarola f
pancake panqueca f
panties calcinhas fpl
pants calças fpl
pantyhose meia-calça
paper papel m
paper napkins guardanapos de papel
parcel embrulho m
Pardon? Perdão?
parents pais mpl
parents-in-law sogros mpl
park (n) parque
park (vb) estacionar
parking disc disco de estacionamento
parking meter parquímetro m
parking ticket multa de estacionamento
part parte f
partner (companion) companheiro/a
partner (business) sócio/a
party (celebration) festa f
party (political) partido m
pass (vb) passar

pass control controle de passaporte
passenger passageiro/a
passport passaporte m
past passado m
pastry pastel m
path caminho m
patient doente m/f
pattern padrão m
pavement passeio m, calçada f
pay pagar
payment pagamento m
payphone telefone público
pea ervilha f
peach pêssego m
peak pico, pique
peak rate tarifa de estação alta
peanut amendoim m
pear pêra f
pearl pérola f
peculiar peculiar
pedal pedal m
pedestrian pedestre m
pedestrian crossing passagem para pedestres
peel (n) casca f, pele f
peel (vb) descascar
peg mola f, cavilha f
pen caneta f
pencil lápis m
penfriend correspondente m/f
peninsula península f

people pessoas fpl
pepper (vegetable) pimento m
pepper (spice) pimenta f
per por
perfect perfeito/a
performance representação f
perfume perfume m
perhaps talvez
period período m
perm permanente f
permit (n) autorização f
permit (vb) permitir, autorizar
person pessoa f
pet animal doméstico
petrol gasolina f
petrol can recipiente para gasolina
petrol station estação de serviço
pharmacist farmacêutico/a
pharmacy farmácia f
phone (n) telefone m
phone booth cabine telefônica, orelhão
phone card cartão de chamadas
phone number número de telefone
photo foto f
photocopy fotocópia f
photograph (n) fotografia f

photograph (vb) fotografar
phrase book livro de frases
piano piano m
pickpocket carteirista, gatuno/a
picnic piquenique m
picture quadro m, imagem f
picture frame moldura f
pie pastel m, pastelão m
piece peça f, pedaço m
pig porco/a
pill pílula f
pillow almofada f
pillowcase fronha f
pilot piloto m
pin alfinete m
pin number número de identificação pessoal
pineapple abacaxi m
pink cor-de-rosa
pipe (plumbing) cano m
pipe (smoking) cachimbo m
pity, It's a pity! pena, Que pena!
place (n) lugar m
plain simples
plait trança f
plane avião m
plant planta f
plaster gesso m, emplastro m
plastic plástico/a

ENGLISH → PORTUGUESE

ENGLISH → PORTUGUESE

plastic bag saco de plástico
plate prato m
platform estrado m, cais m
play (n, theatre) peça de teatro
play (vb) jogar, tocar, brincar
playground pátio de recreio
please por favor
pleased encantado/a
Pleased to meet you! Prazer em conhecê-lo/a!
plenty suficiente, abundante
pliers alicate m
plug (bath) tampão m
plug (elec) ficha f, tomada f
plum ameixa f
plumber encanador/a
p.m. (after noon) da tarde, da noite
poached escalfado/a
pocket bolso m
point (n) ponto m
point (vb) apontar, indicar
points (car) contato
poison veneno m
poisonous venenoso/a
Poland Polônia
Pole, Polish Polaco/a
police polícia f
police station esquadra da polícia

policeman/woman agente da polícia
polish (n) graxa f, cera f
polish (vb) polir, engraxar
polite educado/a, delicado/a
polluted poluído/a
pool piscina f
poor (impecunious) pobre
poor (quality) de má qualidade
poppy papoula f
popular popular
population população
pork carne de porco
port (harbour) porto m
port (wine) vinho do Porto
porter porteiro/a
portion porção f
portrait retrato m
Portugal Portugal
Portuguese português, portuguesa
posh elegante
possible possível
post (n) correio m
post (vb) enviar pelo correio
post office correio m
post office box caixa postal
postage franquia f
postage stamp selo m
postal code código postal

postbox caixa do
  correio
postcard cartão postal
poster cartaz m
postman/postwoman
  carteiro m
postpone adiar
potato batata f
pothole buraco m
pottery cerâmica f
pound libra f
pour vazar, decantar
powder pó m
powdered milk leite
  em pó
power cut corte de
  energia
practice prática f
practise praticar
pram carrinho de
  criança
prawn camarão grande
pray rezar, orar
prefer preferir
pregnant grávida
prescription receita f
present (n)
  presente m, prenda f
present (adj) presente
present (vb)
  apresentar, oferecer
pressure pressão f
pretty bonito/a
price preço m
priest padre m
prime minister
  primeiro ministro
print (vb) imprimir

printed matter
  impressos **mpl**
prison prisão f
private privado/a
prize prêmio m
probably provavelmente
problem problema m
programme, program
  programa m
prohibited proibido/a
promise (n) promessa f
promise (vb) prometer
pronounce pronunciar
properly correctamente
Protestant
  protestante m/f
public público/a
public holiday feriado
pudding sobremesa f,
  pudim m
pull puxar
pullover pulôver m
pump bomba f
puncture furo m
puppet show
  espetáculo de
  fantoches
purple roxo/a
purse porta-moedas m
push empurrar
pushchair carrinho m
put pôr
put up with aguentar
pyjamas pijama m

Q
quality qualidade f
quantity quantidade f

quarantine quarentena f
quarrel (n) discórdia f
quarrel (vb) discutir, altercar
quarter quarto m
quay cais m
queen rainha f
question pergunta f, questão f
queue (n) fila f
queue (vb) formar fila
quickly depressa
quiet tranquilo/a, calmo/a
quilt colcha f, cobertura f
quite completamente

R
rabbit coelho/a
rabies raiva f, hidrofobia f
race (people) raça f
race (sport) corrida f
race course hipódromo m
racket raquete f
radiator radiador m
radio rádio m
radish rabanete m
rag trapo m, farrapo m
railway caminho de ferro
railway station estação de caminho de ferro
rain chuva f
raincoat impermeável m
raisin passa f
rake ancinho m
rape (n) estupro m
rape (vb) estuprar, violentar

rare raro/a
rash erupção cutânea
raspberry framboesa f
rat ratazana f
rate (of exchange) câmbio m
raw cru/a
razor aparelho de barbear
razor blade lâmina de barbear
read ler
ready pronto/a
real real
realize dar-se conta, compreender
really realmente
rear-view mirror espelho retrovisor
reasonable razoável
receipt recibo m
receiver (tax) recebedor/a, fisco m
receiver (telephone) fone m
recently recentemente
reception recepção f
receptionist recepcionista m/f
recharge recarregar
recipe receita f
recognize reconhecer
recommend recomendar
record (n, legal) documento m, registro m
record (n, music) disco m

ENGLISH → PORTUGUESE

red vermelho/a
red wine vinho tinto
redcurrant groselha
vermelha
reduce reduzir
reduction redução f
refund (n) reembolso m
refund (vb) devolver
refuse (n) lixo m
refuse (vb) recusar
region região f
register (n) registro m
register (vb) registrar,
certificar
registered mail correio
registrado
registration form
impresso de registro
registration number
número de registro
relative, relation
parente m/f
remain ficar, permanecer
remember lembrar
rent (n) renda f,
aluguel m
repair (n) reparação f
repair (vb) consertar,
reparar
repeat repetir
reply (n) resposta f
reply (vb) responder
report (n) relatório m
report (vb) informar
request (n) pedido m,
solicitação f
request (vb) pedir,
solicitar

require necessitar
rescue (n) ajuda f,
resgate m
rescue (vb) ajudar,
socorrer, resgatar
reservation reserva f
reserve reservar
resident (adj, n)
residente m/f
resort lugar de veraneio
rest (relax) descansar
rest (remainder)
resto m
retired aposentado
return regressar
return ticket bilhete de
ida e volta
reverse (n) inverso m,
revés m
reverse (vb) dar
marcha ré
reverse gear
marcha ré
reverse-charge call
chamada a cobrar
revolting revoltante m/f
rheumatism
reumatismo m
rib costelas f
ribbon fita f
rice arroz m
rich rico/a
ride passeio m
ridiculous ridículo/a
right direito/a
right-hand drive
condução à direita
ring (n) anel m, argola f

ENGLISH → PORTUGUESE

ring (vb) tocar, telefonar
ring road estrada
  periférica
rip-off roubo m
ripe maduro/a
river rio m
road estrada f
road accident
  acidente de carro
road map mapa
  rodoviário
road sign placa de
  sinalização
road works obras na
  estrada
roll (vb) rolar
roof telhado m
roof-rack porta-
  bagagem m
room quarto m
rope corda f
rose (flower) rosa f
rotten podre m/f
rough áspero/a
roughly
  aproximadamente
round redondo/a
roundabout
  rotatória f
row (n) fila f
row (vb) remar
royal real
rubber borracha f
rubbish lixo m
rubella rubéola f
rudder leme m
rug tapete m
ruin ruína f

ruler (for measuring)
  régua f
rum rum m
run correr
rush apressar-se
rusty enferrujado/a
rye bread pão de
  centeio

S
sad triste
saddle sela de cavalo,
  banco da bicicleta f
safe (adj) seguro/a
safe (n) cofre m
safety belt cinto de
  segurança
safety pin alfinete de
  segurança
sail navegar
sailing navegação f
salad salada f
salad dressing molho
  para salada
sale venda, liquidação f
sales representative
  representante de vendas
salesperson vendedor/a
salmon salmão m
salt sal m
same mesmo/a
sand areia f
sandals sandálias fpl
sandwich sanduíche f
sanitary pads fraldas
  higiênicas
Saturday sábado m
sauce molho m

saucer pires m
sausage salsicha f
save salvar
savoury salgado/a
say dizer
scales balança f
scarf lenço de pescoço
scenery vista f, paisagem f
school escola f
scissors tesoura f
Scot, Scottish escocês, escocesa
Scotland Escócia
scrambled eggs ovos mexidos
scratch (n) arranhão m
scratch (vb) arranhar
screen tela f
screw parafuso m
screwdriver chave de fendas
scrubbing brush escova de esfregar
scuba diving mergulho submarino
sea mar m
seagull gaivota f
seasick enjoado/a
seaside litoral m
season estação f
season ticket bilhete de temporada
seasoning tempero m
seat assento m
seatbelt cinto de segurança
seaweed alga f

secluded isolado/a
second segundo/a
second-class segunda classe
second-hand segunda mão
secretary secretário/a
security guard guarda de segurança
see ver
self-catering com cozinha
self-employed trabalhador autônomo
self-service auto-serviço, self-service
sell vender
sell-by date data de vencimento
send enviar
senior citizen idoso/a
sentence (grammar) frase f
sentence (law) sentença f
separate (vb) separar
September Setembro
septic séptico/a, cético/a
septic tank fossa séptica
serious sério/a
service serviço m
service charge taxa de serviço
serviette guardanapo m
set menu ementa fixa f
several vários/as
sew coser, costurar

sex sexo m
shade sombra f
shake sacudir, agitar
shall dever
shallow pouco fundo/a
shame vergonha f
shampoo and set
   lavar e pentear
share dividir, compartilhar
sharp afiado/a
shave barbear
she ela f
sheep ovelha f
sheet lençol m
shelf prateleira f
shellfish marisco m
sheltered abrigado/a
shine brilho m
shingle seixos,
   burgalhão
shingles herpes-zóster
ship barco m
shirt camisa f
shock absorber
   amortecedor m
shoe sapato m
shoelace cordão de
   sapatos
shop loja f
shop assistant
   empregado/a
shop window vitrine
shopping centre
   centro comercial
shore praia f, litoral m
short curto/a
short-cut atalho m
short-sighted míope

shorts calções mpl
shoulder ombro m
shout (n) grito m
shout (vb) gritar
show (n) espetáculo m
show (vb) mostrar
shower chuveiro m
shrimp camarão m
shrink encolher
shut fechar
shutter persiana f
shy tímido/a
sick, I'm going to be
   sick! doente, Vou
   vomitar!
side lado m
side dish
   acompanhamento m
sidewalk calçada
sieve peneira f
sight vista f
sightseeing turismo,
   fazer turismo
sign (n) anúncio m,
   placa f
sign (vb) assinar
signal sinal m
signature assinatura f
signpost poste
   sinalizador m
silence silêncio m
silk seda f
silly tolo/a
silver prata f
similar semelhante
simple simples,
   modesto/a
sing cantar

singer cantor/a

single só, solteiro/a

single bed cama de solteiro

single room quarto individual

single ticket bilhete de ida

sink pia de cozinha

sister irmã f

sister-in-law cunhada f

sit sentar-se

size tamanho m

skate (n) patim, skate m

skate (vb) patinar, andar de skate

skating rink pista de patinagem

ski (n) esqui m

ski (vb) esquiar

ski boot bota de esquiar

ski jump salto de esqui

ski slope vertente de esqui

skin pele f

skirt saia f

sky céu m

sledge trenó m

sleep dormir

sleeper, sleeping car carruagem-cama

sleeping bag saco de dormir

sleeping pill comprimido para dormir

sleepy com sono, sonolento/a

slice fatia f

slide (n, photo) diapositivo m

slide (vb) escorregar, deslizar

slip escorregar, cair

slippers chinelos

slippery escorregadio

Slovak Eslováquia

Slovak Republic República Eslováquia

slow lento/a

slowly lentamente

small pequeno/a

smell cheirar

smile (vb) sorrir

smoke (n) fumo m

smoke (vb) fumar

smoked salmon salmão fumado

snack lanche, merenda

snake cobra f

sneeze espirrar

snore ressonar

snorkel tubo de respiração

snow, it is snowing neve, está nevando

soaking solution liquido para embeber

soap sabão m

soap powder sabão em pó

sober sóbrio/a

socket (elec) tomada f

socks meias fpl

soda soda f

soft macio/a, suave

ENGLISH → PORTUGUESE

soft drink refrigerante, bebida f
sole (fish) linguado m
sole (shoe) sola f
soluble solúvel
some uns, umas, alguns, algumas
someone, somebody alguém, alguma pessoa
something alguma coisa
sometimes às vezes
somewhere em algum lugar
son filho m
son-in-law genro m
song canção f
soon breve, cedo
sore ferida f
sore, it's sore dolorido/a, dói
sore throat dor de garganta
Sorry! Desculpe!
sort tipo m
soup sopa f
sour amargo/a
south sul m
South Africa África do Sul
South African sul-africano/a
souvenir lembrança f
spade pá f
Spain Espanha
Spaniard, Spanish espanhol/a
spanner chave-inglesa

spare part peça sobresselente
spare tyre pneu sobressalente
spark plug vela de ignição
sparkling efervescente, com gás
speak falar
speciality especialidade f
spectacles óculos mpl
speed velocidade f
speed limit limite de velocidade
speedometer velocímetro m
spell soletrar
spend (money) gastar
spend (time) passar
spice especiaria f
spider aranha f
spill derramar
spin-dryer secadora f
spinach espinafre m
spine espinha, espinhaço
spirit (soul) espírito m
spirits (drink) licores mpl
splinter lasca f
spoil estragar, arruinar
spoke (of wheel) raio m
sponge esponja f
sponge cake pão-de-ló m
spoon colher f
sprain (n) entorse m

sprain (vb) torcer
spring (season)
  primavera f
square (adj) quadrado/a
square (n) praça f
stadium estádio m
stain mancha f
stairs escadas fpl
stale rançoso/a
stall tenda f, barraca f
stamp selo m
staple (n, food)
  alimento básico
staple (vb) grampear
star estrela f
start começar
starter (car)
  arranque m
station estação f
stationer's papelaria f
stationery artigos de
  papelaria
statue estátua f
stay ficar, estar
steal roubar
steam vapor m
steep íngreme
steer dirigir
steering wheel
  volante m
step passo m, degrau m
stepfather padrasto m
stepmother madrasta f
stew guisado m
stick (vb) colar, aderir
sticking plaster
  adesivo m
still (yet) todavia

still (quiet) tranquilo/a
sting (n) picadela f
sting (vb) picar
stitch pontada f
stock (soup) caldo m
stocking meia f
stolen roubado
stomach estômago m
stomachache dor de
  estômago
stone pedra f
stop parar
stop sign sinal de
  paragem
stopover escala f,
  pernoita f
store (n)
  estabelecimento m
store (vb) abastecer
storey piso m, andar m
storm tempestade f
straight a direito
straight on sempre a
  direito
straightaway
  imediatamente
strange estranho/a
stranger
  desconhecido/a
strap correia f
straw palha f
strawberry morango m
stream regato m
street rua f
street map mapa de
  estradas
strike (n) greve f
string corda f

striped às riscas
stroke (n) apoplexia f
strong forte m/f
stuck emperrado/a
student estudante m/f
student discount
  desconto de estudante
stuffed recheado/a
stupid estúpido/a
subtitle legenda f
suburb subúrbio m
subway metrô m
suddenly de repente
suede camurça f
sugar açúcar m
sugar-free sem
  açúcar
suit terno m
suitcase mala f
summer verão m
summit cimeira f
sun sol m
sunblock creme de sol,
  protetor solar
sunburn queimaduras
  do sol
Sunday Domingo m
sunglasses óculos
  de sol
sunny ensolarado
sunrise amanhecer m
sunroof tejadilho de
  abrir, telhado de abrir
sunset pôr do sol m
sunshade guarda-sol m
sunshine luz do sol
sunstroke insolação f
suntan bronzeado m

suntan lotion loção de
  bronzear
supper ceia f
supplement
  suplemento m
sure certo/a, seguro/a
surfboard prancha de
  surf
**surgery (doctor's
  rooms)** consultório m
surgery (procedure)
  cirurgia f
surname apelido m
surrounded rodeado/a
suspension
  suspensão f
swallow (vb) engolir
swear (an oath)
  prestar juramento
swear (curse)
  praguejar
swear word
  palavrão m
sweat (n) suor m
sweat (vb) suar
sweater suéter m
Sweden Suécia
**Swedish, Swede
  (adj, n)** Sueco/a
sweet doce m/f
swell inchar
swelling inchaço m
swim nadar
swimming costume
  fato de banho, maiô
swing balanço m
Swiss Suíça

Swiss-German Suíço-Alemão
switch interruptor m
switch off desligar
switch on ligar
Switzerland Suíça
swollen inchado/a
synagogue sinagoga f

T
table mesa f
table wine vinho de mesa
tablecloth toalha de mesa
tablespoon colher de sopa
tailor alfaiate m
take tomar
take-away food comida para levar
talcum powder pó de talco
talk falar
tall alto/a
tampon tampão m
tangerine tangerina f
tank tanque m
tape fita f
tape measure fita métrica
tape recorder gravador m
taste (n) gosto m
tax imposto m
taxi táxi m
taxi driver taxista m/f
taxi rank ponto de táxi

tea chá m
tea bag saquinho de chá
teach ensinar
teacher professor/a
team equipe f
teapot bule m
tear (n) rasgo m
tear (vb) rasgar
teaspoon colher de chá
teat (bottle) tetina f
teeth dentes mpl
telephone telefone m
telephone call telefonema m
telephone directory lista telefônica
television televisão f
tell dizer
temperature temperatura f
temple templo m
temporary temporário/a
tendon tendão m
tennis tênis m
tennis court campo de tênis
tennis racket raquete de tênis
tent tenda f
tent peg estaca f
terminal terminal m
thank agradecer
that esse/essa m/f
the o/a m/f
theatre teatro m
theft roubo m

there ali, além
thermometer termômetro **m**
they eles/elas **m/f**
thick espesso/a, grosso/a
thief ladrão/ladra **m/f**
thigh coxa **f**
thin magro/a
thing coisa **f**
think pensar
third-party insurance seguro contra terceiros
thirsty com sede
this isto, este/a
this morning esta manhã, hoje de manhã
this way por aqui
this week esta semana
thorn espinho **m**
those esses/essas **m/f**
thousand mil
thread linha **f**
throat garganta **f**
throat lozenges pastilhas para a garganta
through através de, por
throw atirar
thumb polegar **m**
thunder trovão **m**
thunderstorm trovoada **f**
Thursday Quinta-feira **f**
ticket bilhete **m**
ticket collector revisor/a
ticket office bilheteira **f**

tide, low tide, high tide maré, maré baixa, maré alta
tie gravata **f**
tight apertado/a
tights meias **fpl**
till (cash register) caixa **f**
till (until) até
time tempo **m**, hora **f**
timetable horário **m**
tin lata **f**
tin opener abre-latas **m**
tinfoil papel de alumínio
tiny minúsculo/a
tip gorjeta **f**
tired cansado/a
tissue lenço de papel
to a
toad sapo **m**
today hoje
toe dedo do pé
together juntos/as
toilet toucador **m**, banheiro
tolerate tolerar
toll, toll road portagem **f**, estrada de portagem
tomato tomate **m**
tomato juice suco de tomate
tomorrow amanhã **m**
tomorrow morning/ afternoon/evening amanhã de manhã/ à tarde/à noite

tongue língua f
tonight esta noite
tonsillitis tonsilite f
too também
too much demasiado/a,
    muito
tool ferramenta f
toolkit caixa de
    ferramentas
tooth dente m
toothache dor de
    dentes
toothbrush escova dos
    dentes
toothpick palito m
top parte de cima
top floor último andar
topless topless
torch lanterna
torn rasgado/a
total total m
tough duro/a, forte
tour passeio, excursão f
tour guide guia
    turístico/a
tour operator
    operador de turismo
tow rebocar
towel toalha f
tower torre f
town cidade f, vila
town hall salão municipal
toy brinquedo m
tracksuit fato de treino
traffic tráfego m
traffic jam
    engarrafamento m
traffic light semáforo m

trailer reboque m
train trem
tram carro eléctrico
tranquillizer calmante m
translate traduzir
translation tradução f
translator tradutor/a
trash lixo m
travel viajar
travel agent agente de
    viagens
travel documents
    documentos de viagem
travel sickness
    enjôo m
traveller's cheque
    cheque de viagem
tray bandeja f
tree árvore f
trolley carrinho m
trouble problemas mpl
trousers calças fpl
trout truta f
truck caminhão m
true verdade
trunk (of car)
    bagageiro m
try tentar
try on provar
tube tubo m, câmara-
    de-ar
tuna atum m
tunnel túnel m
turkey peru m
Turkey Turquia
Turkish, Turk turco/a
turn voltar
turn around dar a volta

ENGLISH → PORTUGUESE

turn off desligar
turquoise turquesa f
tweezers pinças fpl
twice duas vezes
twin beds camas gêmeas
twins gêmeos/as
type tipo m
typical típico
tyre pneu m
tyre pressure pressão dos pneus

U
ugly feio/a
ulcer úlcera f
umbrella guarda-chuva m
uncle tio m
uncomfortable incômodo/a
unconscious inconsciente
under sob
underdone meio cru
underground (adj) subterrâneo/a
underground (subway) metrô m
underpants cuecas fpl
understand compreender
underwear roupa interior
unemployed desempregado/a
United Kingdom Reino Unido

United States Estados Unidos
university universidade
unleaded petrol gasolina sem chumbo
unlimited sem limite
unlock abrir
unpack desfazer as malas
unscrew desaparafusar
until até
unusual fora do comum
up para cima
up-market superior m/f
upside down de pernas para o ar
upstairs em cima
urgent urgente
us nós
use (vb) usar, utilizar
useful útil
usual habitual
usually normalmente

V
vacancy quarto livre, vaga f
vacation férias fpl
vaccine vacina f
vacuum cleaner aspirador m
valid válido/a
valley vale m
valuable valioso/a
value valor m
valve válvula f

van carrinha f
VAT Imposto sobre o Valor Acrescentado (IVA)
veal vitela f
vegetables vegetais mpl
vegetarian vegetariano/a m/f
vehicle veículo m
vein veia f
vending machine vendedora automática
venereal disease doença venérea
very muito/a
vest camiseta f
vet (veterinarian) veterinário/a m/f
via via f
Vienna Viena
view vista f
village aldeia f
vinegar vinagre m
vineyard vinhedos m
violet violeta f
virus vírus m
visa visto m
visit visita f
visiting hours horas de visita
visitor visitante m/f
voice voz f
volcano vulcão m
voltage tensão, voltagem
vomit vomitar
voucher vale m

W
wage salário m
waist cintura f
waistcoat colete m
wait esperar
waiter/waitress empregado/a de mesa
waiting room sala de espera
wake up acordar
wake-up call chamada para despertar
Wales País de Gales
walk (vb) caminhar, andar
wall parede f
wallet carteira f
walnut noz f
want querer
war guerra f
ward (hospital) enfermaria f
wardrobe guarda-roupa m
warehouse armazém m
warm quente
wash lavar
washbasin bacia f
washing powder sabão em pó
washing-up liquid detergente líquido
wasp vespa f
waste desperdício m
waste bin balde do lixo
watch (n) relógio m
watch (vb) ver, vigiar

ENGLISH → PORTUGUESE

watch strap pulseira de relógio

water água f

watermelon melancia m

waterproof à prova de água

water-skiing esqui aquático

wave onda f

we nós

weak fraco/a

wear usar, vestir

weather tempo m

weather forecast previsão do tempo

web rede f, teia f

wedding casamento m

wedding present presente de casamento

wedding ring aliança de casamento

Wednesday Quarta-feira f

week – last week, this week, next week, a week ago semana – a semana passada, esta semana, a próxima semana, há uma semana

weekday dia de semana

weekend fim de semana

weekly semanalmente

weigh pesar

weight peso m

weird esquisito/a, estranho/a

welcome bem-vindo/a

well bem

Welsh, Welshman, Welshwoman Galês m, Galesa f

were eras/estavas, éramos/estávamos, éreis/estáveis, eram/estavam

west oeste m

wet molhado/a

wetsuit roupa de mergulho

What? Quê?

What is wrong? Há algum problema?

What's the matter? Que se passa?

What's the time? Que horas são? f

wheel roda f

wheel clamp imobilizador de rodas de carro

wheelchair cadeira de rodas

When? Quando?

Where? Onde?

Which? Qual?

while enquanto

whipped cream creme chantilly

white branco/a

Who? Quem?

whole (adj) inteiro/a

whole (n) todo/a

ENGLISH → PORTUGUESE

wholemeal bread
pão integral
Whose? De quem?
Why? Porquê?
wide largo/a
widower, widow
viúvo, viúva
wife esposa f
wig peruca f
win ganhar
wind vento m
window janela f
window seat lugar
à janela
windscreen
pára-brisas m
windscreen wiper
limpa-pára-brisas m
windy ventoso/a
wine vinho m
wine glass copo de
vinho
winter inverno m
wire arame m
wish desejar
with com
without sem
witness testemunha f
wolf lobo/a
woman mulher f
wood madeira f
wool lã f
word palavra f
work trabalhar
world mundo m
worried preocupado/a
worse pior
worth que vale a pena

wrap up envolver,
embrulhar
wrapping paper papel
de embrulho
wrinkles rugas fpl
wrist pulso m
write escrever
writing paper papel de
escrever

X
X-ray raio-X m

Y
yacht iate m
year ano m
yellow amarelo/a
yellow pages páginas
amarelas
yes sim
yesterday ontem
yolk gema f
you tu (sing), vocês (pl)
young jovem
your seu/sua, teu/tua
youth hostel pousada
da juventude

Z
zero zero m
zipper, zip fastener
fecho-éclair, zíper m
zone zona f
zoo jardim zoológico

ENGLISH → PORTUGUESE

A
a at, to
a direito straight
a ela/e to her/him
a maioria most
à mão nearby (adv)
a mim me
a pagar due
à prova de água
  waterproof
a próxima semana
  next week
a semana passada
  last week
abacaxi m pineapple
abastecer supply (vb)
abater knock down
abcesso m abscess
abelha f bee
aberto/a open
aborrecido/a boring
aborto m abortion
abre-latas m can
  opener, tin opener
abridor de garrafas
  bottle opener
abrigado/a sheltered
abrir open (vb)
abundante plenty
acabar finish (vb)
acalefa jellyfish
acampamento
  camp site
acampar camp (vb)
aceitar accept
acelerador m
  accelerator

acender light (vb),
  switch on
acento accent
acidente m accident
acidente de estrada
  road accident
acomodacão m
  accommodation
acompanhamento m
  side dish
aconselhar advise
acontecer happen
acordar awake,
  wake up
acordo m agreement
açougueiro/a m/f
  butcher
acreditar believe
açúcar m sugar
adaptador m
  adapter
adega f cellar
aderir stick (vb)
adesivo m sticking
  plaster
adeus goodbye
adiantado in advance
adiar postpone
adulto/a adult (adj, n)
advogado/a lawyer
aerodeslizador m
  hovercraft
aeroporto m airport
afiado/a sharp
África do Sul South
  Africa
afta f mouth ulcer
agenda f diary

agente da polícia
policeman/woman
agente de viagens
travel agent
agitar shake
agora now
agradável nice
agradecer thank
agradecido/a grateful
água f water
água mineral mineral
water
água potável drinking
water
aguardente f brandy
aguentar put up with,
endure
águia f eagle
agulha f needle
agulha de tricô
knitting needle
agulha hipodérmica
hypodermic needle
aipo m celery
ajuda f help, assistance
ajudar help, assist (vb)
alavanca f lever
aldeia f village
alegre m/f glad
alegria f joy
além there, over there
Alemanha Germany
Alemão m, Alemã f
German
alface f lettuce
alfaiate m tailor
alfândega f customs
alfinete m pin

alfinete de segurança
safety pin
alga f seaweed
algodão m cotton,
cotton wool
alguém anybody,
someone
alguma coisa
something
alguma pessoa
somebody
alguns/algumas a few,
some
alho m garlic
alho poró m leek
ali there
aliança de casamento
wedding ring
alicate m pliers
alimentar feed (vb)
alimento m food
alimento básico
staple food
almoço m lunch
almofada f cushion,
pillow
alpinismo m
mountaineering
altercar quarrel (vb)
alto/a high, tall
altura f height
alugar hire, let (vb)
aluguel m rent (n)
aluguel de carros
car hire
ama de crianças
nanny
amanhã m tomorrow

PORTUGUESE → ENGLISH

PORTUGUESE → ENGLISH

**amanhã de manhã/
à tarde/à noite**
tomorrow morning/
afternoon/evening
amanhecer m dawn,
sunrise
amar love (vb)
amarelo/a yellow
amargo/a sour
amável friendly, kind
âmbar m amber
ambos both
ambulância f
ambulance
ameixa f plum
amêndoa f almond
amendoim m peanut
amigo/a friend
amor m love (n)
amortecedor m shock
absorber
ampliação f
enlargement
analgésico m painkiller
anca f hip
ancinho m rake
ancoragem f mooring
andar m apartment,
floor, storey
andar walk (vb)
andar a cavalo ride
(a horse)
andar de bicicleta
cycle (vb)
andar de skate
skate (vb)
anedota f joke
anel m ring (n)

anestésico m
anaesthetic
animal m animal
animal doméstico pet
aniversário m
anniversary, birthday
ano m year
Ano Novo New Year
antes, antes de before
antiácido antacid
anual annual
anúncio m sign (n),
advertisement
ao ar livre outdoors
apanhar catch (vb)
aparelho de barbear
razor
**aparelho para a
surdez** hearing aid
apartamento m flat (n),
apartment
apelido m surname
apenas hardly, only
apendicite f
appendicitis
apertado/a tight
apertar fasten
**apertar o cinto de
segurança** fasten
seatbelt
apesar de despite,
in spite of
apontar point (vb)
apoplexia f stroke (n)
aposentado retired
aposentado/a old-age
pensioner
apostar bet (vb)

aprender learn
apresentar introduce (people), present (vb)
apressar-se rush, hurry (vb)
aproximadamente about, approximately, roughly
aquecedor m heater
aquecer demais overheat
aquecimento m heating
aquecimento central central heating
aqui here, over here
ar m air
ar condicionado air conditioning
arame m wire
aranha f spider
arbusto m bush
área f area
areia f sand
argola f ring (n)
arma de fogo gun
armação f frame
armário m cupboard
armário com chave locker
armazém m store (n), warehouse
arquivo m file (folder)
arrabaldes mpl outskirts
arranhão m scratch (n)
arranhar scratch (vb)
arranjar arrange, fix (vb)

arranque m starter (of car)
arrebentar burst
arrendar lease (vb)
arroz m rice
arruinar spoil
arte f art
artesanato m craft
articulação joint
artigos de papelaria stationery
artista m/f artist
árvore f tree
às riscas striped
às vezes sometimes
áspero/a rough
aspirador m vacuum cleaner
assalto m burglary
assento m seat
assinar sign (vb)
assinatura f signature
assunto m matter
atacar attack (vb)
atalho m short-cut
ataque m attack (n)
ataque de coração heart attack
até even (adv), till, until
atingir hit (vb)
atirar throw (vb)
atordoado/a dizzy
atrás behind
através de through
atravessar cross (vb)
atrevimento m cheek
atum m tuna
audiência f audience

PORTUGUESE → ENGLISH

auto-estrada f
  freeway, motorway
automóvel m car
autônomo/a freelance
autorização f permit (n)
autorizar permit (vb)
auto-serviço self-
  service
avalancha f avalanche
avanço advance
avariado/a out of order
aveia f oats
avelã f hazelnut
avenida f avenue
avental m apron
avião m aeroplane,
  plane
avó f grandmother
avô m grandfather
avós mpl grandparents
azeite m olive oil
azeitona f olive
azia f heartburn
azul blue
azul marinho m navy
  blue

B
bacalhau m cod
bacia f washbasin
bagageiro m trunk
  (of car)
bagagem f baggage,
  luggage
bagagem de mão
  hand luggage
baía f bay
bainha f hem

baixo/a low
bala f candy
balança f scales
balanço m swing
balcão m balcony,
  counter
**balcão de
  informações**
  enquiry desk
balde m bucket, pail
balde do lixo waste bin
banca de jornal f
  news stand
banco automático m
  auto-teller, cash
  dispenser
banco da bicicleta
  saddle (of bicycle)
bandeja f tray
banheira f bath
banheiro m bathroom,
  toilet
bar gay gay bar
barata f cockroach
barato/a cheap
barba f beard
barbatanas fpl flippers
barbear shave (vb)
barbearia f barber's
  shop
barca para carros f
  car ferry
barco m boat, ship
barco a motor
  motorboat
barco de travessia
  ferry
barco pequeno dinghy

barra de chocolate
bar of chocolate
barraca f stall
barril m barrel
barulhento/a noisy
barulho m noise
bastante enough, fairly
batata f potato
batatas fritas fpl chips,
crisps, French fries
bater knock (vb)
bater em hit (vb)
bateria descarregada
flat battery
batom m lipstick
bêbedo/a drunk
beber drink (vb)
bebida f drink (n)
beijar kiss (vb)
beijo m kiss (n)
Belga m/f
Belgian (adj, n)
Bélgica Belgium
bem well
bem-vindo/a welcome
berço m cot
berço portátil m
carry-cot
biblioteca f library
bicicleta f bicycle
bigode m moustache
bilhete m ticket
bilhete aberto open
ticket
bilhete de avião m air
ticket
bilhete de ida single
ticket

bilhete de ida e volta
return ticket
bilhete de temporada
season ticket
bilheteira f ticket office
binóculos m binoculars
biscoito m cookie,
biscuit
bloqueado/a blocked
blusa f blouse
boa f good
boa noite good
evening, good night
boa sorte good luck
boa tarde good
afternoon
boca f mouth
bochecha f cheek
bolacha f cookie
bolbo m bulb (plant)
bolha de água f blister
bolo m cake
bolsa f bag, carrier bag
bolsa de mão
handbag
bolso m pocket
bom m good
bom dia good day,
good morning
bomba f pump (n),
bomb
bombeiros mpl fire
brigade
bombons m candy,
chocolates
boné m cap
boneca f doll
bonito/a beautiful, pretty

PORTUGUESE → ENGLISH

borboleta f butterfly
borda f edge
borracha f eraser, rubber
bota de esquiar ski boot
botão m button
botas f boots
botões de punho mpl cufflinks
branco/a white
branquear bleach (vb)
bravo angry
breve soon
briga f fight (n)
brigar fight (vb)
brilhante bright
brilho m shine
brincar play (vb)
brincos mpl earrings
brinquedo m toy
brisa f breeze
broca f drill (n)
broche m brooch
bronquite bronchitis
bronzeado m suntan
Bruxelas Brussels
bule m teapot
buraco m hole, pothole
burgalhão shingle
buscar fetch
bússola f compass
buzina f horn (car)

C
cabeça f head
cabeleireiro/a hairdresser
cabelo m hair

cabide m coat hanger
cabina f cabin
cabina de provas fitting room
cabina telefônica phone booth
cabo m cable, handle
cabo de extensão extension lead
cabos de conexão da bateria jump leads
cabra f goat
caçar hunt
caçarola f pan
cacau m cocoa
cachimbo m pipe (smoking)
cacho m bunch
cachorro m dog
cada each, every
cada qual everyone
cada um/a each one
cadeado m padlock
cadeira f chair
cadeira alta high chair
cadeira de carro para crianças child car seat
cadeira de praia deck chair
cadeira de rodas wheelchair
caderno m notebook
caducar expire
café m coffee
café de manhã breakfast

café gelado iced coffee

café instantâneo instant coffee

cãimbra f cramp

cair fall (vb)

cais m platform, quay

caixa f box, cash desk, till (cash register)

caixa m cashier

caixa de ferramentas toolkit

caixa de fusíveis fuse box

caixa de papelão f carton

caixa de primeiros socorros first-aid kit

caixa do correio letterbox, postbox

caixa frigorífica cool bag, cool box

caixa postal post office box

calçada f pavement, sidewalk

calcanhar m heel

calças fpl pants, trousers

calcinhas fpl knickers, panties

calções mpl shorts

calculadora f calculator

caldo m stock (soup)

calma calm

calmante m tranquillizer

calmo/a quiet

calor m heat

cama f bed

cama de casal double bed

cama de criança cot

cama de solteiro single bed

câmara-de-ar f inner tube

camarão m shrimp

camarão grande prawn

camas gêmeas twin beds

câmbio m exchange (n), rate of exchange

caminhão m lorry, truck

caminhar go (on foot), walk (vb)

caminho m path, footpath

caminho de ferro railway

camisa f shirt

camisa de noite nightdress

camiseta f vest

camisinha f condom

campainha f bell, doorbell

campo m countryside, field

campo de golfe golf course

campo de tênis tennis court

camurça f suede

Canadá Canada

canal m canal, channel

Canal da Mancha English Channel
canção f song
cancelamento m cancellation
cancelar cancel
câncer cancer
caneca f mug
caneta f pen, ballpoint pen
canhoto/a left-handed
cano m pipe (plumbing)
cano de esgoto drain
canoa f canoe
cansado/a tired
cantar sing
cantor/a singer
capa para o edredon duvet cover
capacete m helmet, crash helmet
capela f chapel
capital f capital (city)
capital m capital (money)
capô m hood, bonnet (car)
capuz m hood (garment)
cara f face
caranguejo m crab
caravana f caravan
carburador m carburettor
carne f meat
carne de porco pork
carne de vaca beef

carne moída minced meat
carneiro m mutton
caro/a expensive
carpete f carpet
carpinteiro m carpenter
carregar carry, charge
carrinha f van
carrinho de criança buggy, pram
carrinho m pushchair, trolley
carro m car
carro de aluguel hire car
carro eléctrico tram
carruagem f coach
carruagem-cama sleeper, sleeping car
carta f letter
cartão m card, cardboard
cartão de chamadas phone card
cartão de crédito charge card, credit card
cartão de embarque boarding card
cartão de identidade bancário cheque card
cartão de parabéns m birthday card
cartão postal postcard
cartaz m poster
carteira f wallet

carteira de identidade identity card
carteirista pickpocket
carteiro m postman/postwoman
carvalho m oak
carvão m charcoal, coal
casa f home, house
casa da fazenda farmhouse
casa de hóspedes guesthouse
casaco m coat, jacket
casaco de lã m cardigan
casaco de peles fur coat
casado/a married
casal m couple
casamento m wedding
casca f peel (n)
caso m case
cassete f cassette
castanha f chestnut
castanho/a brown
castelo m castle
casual accidental
catedral f cathedral
cateira de motorista driving licence
católico/a m/f Catholic
cavalo m horse
caverna f cave
cavilha f peg
cebola f onion
cebolinha f chives
cego/a blind (adj)
ceia f supper

celeiro m barn
cemitério m cemetery
cenoura f carrot
centígrado m Centigrade
centímetro m centimetre
centro m centre
centro comercial shopping centre
centro da cidade city centre
centro musical music centre
cera f polish (n)
cerâmica f pottery
cerca de about, approximately
cereja f cherry
certamente absolutely, certainly
certidão de nascimento birth certificate
certificado m certificate
certificar register (vb)
certo (adj) certain, correct
certo (adv) certainly
cerveja f beer
cerveja de barril draught beer
cerveja leve e clara lager
cesto/a basket
cético/a septic
céu m sky
chá m tea

PORTUGUESE → ENGLISH

chá de ervas herbal tea
chaleira eléctrica kettle
chamada f call (n)
chamada a cobrar reverse-charge call
chamada interurbana long-distance call
chamada à cobrar collect call
chamada para despertar wake-up call
chamar call (vb)
chaminé f chimney
champanhe m champagne
chão m floor (of room)
chapéu m hat
charuto m cigar
chato/a boring
chave f key
chave de fendas screwdriver
chave de ignição ignition key
chaveiro m key ring
chávena f cup
chaves do carro car keys
chegada f arrival
chegar arrive, come in
cheio/a full, fed-up
cheirar smell (vb)
cheque m cheque
cheque de viagem traveller's cheque

chiclete m chewing gum
China China
chinelos slippers
chinelos de dedo flip flops
chocar crash, collide
chocolate m chocolate
chorar cry (vb)
chumbo m filling (tooth), lead (n, metal)
chupeta f pacifier
chutar kick
chuva f rain
chuveiro m shower
cidadã f citizen
cidadão m citizen
cidade f city, town
cigarro m cigarette
cimeira f summit
cinema m cinema
cinto m belt
cinto de segurança safety belt, seatbelt
cinto para dinheiro money belt
cinto salva-vidas life belt
cintura f waist
cinzento/a grey
círculo m circle
cirurgia f surgery (procedure)
cisterna f cistern
cistite f cystitis
ciumento/a jealous
claro absolutely, certainly, definitely

claro/a clear (adj), light (adj, colour)
classe f class
classe econômica economy class
clavícula f collarbone
cliente m/f client, customer
clima m climate
clínica f clinic
clube de golfe golf club (place)
coador m colander
cobertor m bedspread
cobertura f quilt
cobra f snake
cobrar collect
cobrar em excesso overcharge
Coca-Cola f Coke
coçar itch (vb)
coceira f itch (n)
coco m coconut
código m code
código de chamada dialling code
código postal postal code
coelho/a rabbit
cofre m safe (n)
cogumelo m mushroom
coisa f thing
cola f glue
colar stick (vb)
colar m necklace
colarinho m collar
colcha f quilt

colchão m mattress
colega m/f colleague
colete m waistcoat
colete salva-vidas life jacket
colheita f harvest
colher f spoon
colher de chá teaspoon
colher de sopa tablespoon
colírio eye drops
com with
com cozinha self-catering
com experiência experienced
com fome hungry
com gás sparkling
com prisão de ventre constipated
com sede thirsty
com sono sleepy
combustível m fuel
começar start (vb)
comédia f comedy
comer eat
comichão f itch (n)
comida f food
comida para bebês baby food
comida para levar take-away food
Como? How?
como like (prep.)
Como está? How do you do?
Como vai! How are you?

PORTUGUESE → ENGLISH

PORTUGUESE → ENGLISH

comoção distress, commotion

cômoda f chest of drawers

companheiro/a partner (companion)

companhia f company

compartilhar share (vb)

compartimento m compartment

completamente completely, quite

compositor/a m/f composer

compota f jam

comprar buy

compreender realize, understand

comprido/a long (adj, size)

comprimido para dormir sleeping pill

comprometido/a engaged (to be married)

computador m computer

Comunidade Européia EC

concerto m concert

concessão f concession

concordar agree

condição f condition

condução à direita right-hand drive

condução à esquerda left-hand drive

condutor/a driver

conduzir drive, go by car

conexão f connection (elec), connecting flight

conferência f conference

confirmação f confirmation

confirmar confirm

confortável comfortable

confundir mix up (vb)

confusão f mix-up (n)

confuso/a confused

congelado/a frozen

congelador m freezer

conhaque m brandy

conjunto de apartamentos block of flats

consciente conscious

conselho m advice

consertar repair (vb), fix

Consoada Christmas Supper

constipado/a constipated

construir build

consulado m consulate

consulta appointment

consultório m surgery (doctor's rooms)

conta f account, bill

contador m meter

contagioso/a infectious

contato m contact

contatos mpl points (car)

continuamente continuously (adv)
continuar continue
contra against
contraceptivo m contraceptive
contrato m contract, lease (n)
controle de passaporte pass control
convencional formal
conveniente convenient
convidar invite
convite m invitation
cópia f copy (n)
copiar copy (vb)
copo m glass (tumbler)
copo de vinho wine glass
cor f colour
coração m heart
corda f rope, string
corda enrolada coil (rope)
cordão de sapatos shoelace
cordeiro m lamb
cor-de-rosa pink
corno m horn (animal)
coro m choir
coroa f crown
corpo m body
correctamente properly
corredor m corridor, aisle

correia f strap
correia da ventoinha fanbelt
correio m mail (n), post (n), post office
correio aéreo airmail
correio central main post office
correio registrado registered mail
corrente current
corrente de ar draught
correr run (vb)
correspondente m/f penfriend
correto/a correct (adj)
corretor de imóveis estate agent
corrida f race (sport)
corridas de cavalos horse racing
cortar chop, cut
corte de cabelo haircut
corte de energia power cut
cortiça f cork
cortina f curtain
coruja f owl
coser sew
costa f coast
costas f back
costela f rib
costume m custom
costurar sew
cotovelo m elbow
couro m leather

couve f cabbage
couve-flor f cauliflower
coxa f thigh
cozinha f kitchen
cozinha pequena kitchenette
cozinhar cook (vb)
cozinheiro/a m/f chef, cook (n)
créche crèche
creme m cream, custard
creme chantilly whipped cream
creme de sol sunblock
creme hidratante moisturizer
criada f maid
criada de quarto chambermaid
criança f child
crime m crime
cru/a raw
cruz f cross (n)
cruzamento m crossing, intersection
cruzar cross (vb)
cruzeiro m cruise
cuecas fpl underpants
cuidado care
cuidadoso/a careful
cuidar de look after
cunhada f sister-in-law
cunhado m brother-in-law
curso m course
curso de línguas language course

curto/a short
custo m cost

D

da noite, da tarde p.m. (after noon)
dados mpl dice, data
daltônico/a colour blind
dançar dance (vb)
dano m injury
dar give
dar a volta turn around
dar marcha ré reverse (vb)
dar um pontapé kick (vb)
dar-se conta realize
data f date (of year)
data de nascimento date of birth
data de vencimento sell-by date
de from (origin), of, off
de hora em hora hourly (adj)
de má qualidade poor (quality)
de manhã a.m. (before noon)
de novo again
de outra maneira otherwise
de pernas para o ar upside down
De quem? Whose?
de repente suddenly
de tamanho médio medium sized

de tração às quatro rodas four-wheel drive
de vez em quando occasionally
debaixo de chave locked in
decantar pour
decidir decide
decisão f decision
dedo m finger
dedo do pé toe
deduzir deduct
defeito m fault, flaw
defeituoso/a faulty
deficiente faulty
definitivamente definitely
degrau m step
deitar-se lie down
deixar allow, leave, let (vb)
deliberadamente deliberately
delicado/a polite
delicioso/a delicious
demaquilante para olhos eye make-up remover
demasiado/a too much
demora f delay
dentaduras fpl dentures
dente m tooth
dentes mpl teeth
dentista m/f dentist
dentro in, inside
dentro de casa indoors

depois after, afterwards
depósito m deposit
depressa quickly
derramar spill
derreter melt
derrubar knock over
desabamento de terra landslide
desafio m match (sport)
desagradável nasty, unpleasant
desaparafusar unscrew
desaparecer disappear
desaparecido/a missing
desarrumar mess up (vb)
desastre m disaster
descafeinado/a decaffeinated
descansar rest (relax)
descascar peel (vb)
descer get off, climb down
descobrir discover
desconhecido/a stranger
desconto m discount
desconto de estudante student discount
descrever describe
descrição f description
desculpa f apology, excuse (n)

PORTUGUESE → ENGLISH

Desculpe! Excuse me! Sorry!

desde from (time), since

desejar wish

desempregado/a unemployed

desenho m drawing

desenvolver develop

deserto m desert

desfazer as malas unpack

desiludido/a disappointed

desinfetante m disinfectant

desligado/a off, disconnected

desligar switch off, turn off, hang up (phone)

deslizar slide (vb)

desmaiar faint (vb)

desperdício m waste

despesas fpl expenses

destino m destination

desvio m bypass (road), detour

detalhes details

detergente m cleaning solution, detergent

detergente líquido washing-up liquid

Deus m God

dever have to, must, owe, shall

devolver give back, refund (vb)

Dezembro December

dia m day

dia de semana weekday

diabético/a diabetic

diamante m diamond

diapositivo m slide (n, photo)

diariamente daily

diário m diary

diarréia f diarrhoea

dicionário m dictionary

diesel m diesel

dieta f diet

diferença m difference

diferente different

difícil difficult

dificilmente with difficulty

Dinamarca Denmark

dínamo m dynamo

dinheiro m money

dinheiro à vista cash

direção f direction

direito/a right

direto/a direct (adj)

dirigir steer (vb)

disco m disk, record (n, music)

disco de estacionamento parking disc

disco rígido hard disk

discórdia m quarrel (n)

discutir quarrel (vb)

disfrutar enjoy

disponível available

dissolvente de verniz nail polish remover

distância f distance

distante far (adv)
distrito m district
DIU (dispositivo intra-uterino) coil (contraceptive)
diversão f fun (n)
divertido/a fun (adj)
dívidas fpl debts
dividir share (vb)
divorciado/a divorced
dizer say, tell
dobrar bend, fold (vb)
dobro double
doce m/f sweet
doce de laranja marmalade
documento m document, record (n, legal)
documentos de viagem travel documents
doença f disease, illness
doença venérea venereal disease
doente ill, sick
doente m/f patient
doer hurt (vb)
dói hurts
dolorido/a sore
doloroso/a painful
doméstico/a domestic
Domingo m Sunday
dor f ache, pain
dor de cabeça headache
dor de dentes toothache

dor de estômago stomachache
dor de garganta sore throat
dor de ouvido earache
dor nas costas backache
dormir sleep (vb)
droga f drug (narcotic)
duas vezes twice
duplo double
durante during
durante a noite overnight
duro/a hard, tough
dúzia f dozen

E
e and
é is
economia f economy
edifício m building
edredon m duvet
educado/a polite
efervescente fizzy, sparkling
ela f she, her
elástico/a elastic
ele m he, him
ele/ela it (subject)
electricidade f electricity
electricista m/f electrician
elegante elegant, posh
eles/elas m/f they
elétricista electrician
elétrico electric

elevador m elevator,
lift (n)
elevador de cadeira
chair lift
elixir para a boca
mouthwash
em at, in, on
em algum lugar
somewhere
em baixo below,
downstairs
em cima upstairs
em cima de on,
on top of
em forma fit (healthy)
em toda a parte
everywhere
em vez de instead
embaixada f embassy
embalagem f package
embora although
embotado/a blunt
embreagem f clutch
(car)
embrulhar wrap up
embrulho m parcel
ementa f menu
ementa fixo set menu
emergência f
emergency
empacotar pack (vb)
emperrado/a stuck
emplastro m plaster
empregada f maid
empregado/a shop
assistant
**empregado/a de
mesa** waiter/waitress

emprestar lend
empurrar push (vb)
encanador/a plumber
encantado/a delighted,
enchanted
encantador/a lovely,
charming
encaracolado/a curly
encerrado/a closed
encher fill, fill in, fill up
encher de ar inflate
encolher shrink (vb)
encomenda f order (n)
encomendar order (vb)
encontrar find, meet
encontro m meeting
encontro marcado m
appointment
encosta downhill, slope
encruzilhada f
crossroads
enfermaria f ward
(hospital)
enfermeira/o nurse
enferrujado/a rusty
engarrafamento m
traffic jam
engenheiro/a engineer
engolir swallow (vb)
engomar iron (vb)
engraçado/a funny
engraxar polish (vb)
engrenagem f gear
enguia f eel
enjoado/a seasick
enjôo m travel sickness
enquanto while
ensinar teach

ensolarado sunny
entorse m sprain (n)
entrada f admission fee, cover charge, entrance, lobby
entrar come in, enter
entre among
entrega f delivery
entregar deliver
envelope m envelope
enviar send
enviar pelo correio mail, post (vb)
envolver wrap up
enxaqueca f migraine
epilepsia f epilepsy
epilético/a epileptic
equipe f team
equipamento m equipment
era/estava were
erro m error, fault
erupção cutânea rash
ervas fpl herbs
ervilha f pea
escada de mão m ladder
escada rolante escalator
escadas fpl stairs
escala f stopover
escalfado/a poached
escapar escape (vb), get off
escape leak (n)
escocês, escocesa Scot, Scottish
Escócia Scotland

escola f school
escola infantil nursery school
escolher choose
esconder hide
escorregadio slippery
escorregar slide (vb)
escorregar slip (vb)
escova f brush
escova de esfregar scrubbing brush
escova de unhas nail brush
escova do cabelo hairbrush
escova dos dentes toothbrush
escrever write
escritório m office
escuro/a dark, gloomy
escutar hear
Eslováquia Slovak
esmalte de unhas nail polish
Espanha Spain
espanhol/a Spaniard, Spanish
espantoso astonishing
especialidade f speciality
especialmente especially
especiaria f spice
espelho m mirror
espelho retrovisor rear-view mirror
esperança f hope
esperar expect, wait

PORTUGUESE → ENGLISH

esperar ansiosamente
look forward to
esperto/a clever
espesso/a thick
espetáculo m show (n)
**espetáculo de
fantoches**
puppet show
espinafre m spinach
espinha spine
espinhaço spine
espinho m thorn
espírito m mind, spirit,
soul
espirrar sneeze (vb)
esponja f sponge
esposa f wife
esquadra da polícia
police station
esquecer forget
esquerda/o left
esqui m ski (n)
esqui aquático
water-skiing
esquiar ski (vb)
esquina f corner
esquisito/a weird, odd
esse/essa m/f that,
that one
essencial essential
esses/essas m/f those
esta manhã this
morning
esta noite tonight
esta semana this week
está nevando it is
snowing

estabelecimento m
store (n)
estaca f tent peg
**estação de caminho
de ferro** railway
station
estação de serviço
petrol station
estação f season,
station
estacionar park (vb)
estádio m stadium
Estados Unidos
United States
estão are
estar be, stay
estar de acordo
agree
estátua f statue
este/a this
estômago m stomach
Estónia Estonia
estourar burst
estrada f motorway,
road
estrada de portagem
toll road
estrada periférica
ring road
estrado m platform
estragar spoil
estrangeiro/a m/f
foreigner
estranho/a odd,
strange, weird
estreito/a narrow
estrela f star
estudante m/f student

estúpido/a stupid
estuprar rape (vb)
estupro m rape (n)
etiqueta f label, luggage
  tag
eu I
eu estou I am
eu mesmo/a myself
eu sou I am
Europa Europe
Europeu/Européia
  European (adj, n)
evitar avoid
exame m examination
exatamente exactly
exato/a accurate
exausto/a exhausted
excelente excellent
excesso de bagagem
  excess luggage
exceto except
excitante exciting
excluir exclude
excursão f tour,
  excursion
excursão com guia
  guided tour
exemplo m example
exótico/a exotic
explicar explain
explosão f explosion
exportar export
exposição f exhibition,
  exposure
extensão f extension
exterior outside
extintor de incêndios
  fire extinguisher

extra extra
extraordinário/a
  extraordinary, amazing

F
fábrica f factory
fábrica de cerveja
  brewery
faca f knife
face f face
fachada f façade
fácil easy
falar speak, talk
falésia f cliff
falsificar fake (vb)
falso/a fake (adj)
família f family
famoso/a famous
farinha f flour
farmacêutico/a m/f
  chemist, pharmacist
farmácia f pharmacy
faróis dianteiros
  headlights
farrapo m rag
fatia f slice
fato de banho
  swimming costume
fato de treino tracksuit
fatura f invoice
fava f bean
fax m fax
fazenda f farm
fazendeiro/a farmer
fazer do, make
fazer jogging jog (vb)
fazer o registro
  check in

fazer turismo sightseeing

febre f fever

febre do feno hay fever

fechadura f lock (n)

fechadura central central locking

fechar shut

fechar à chave lock (vb)

fecho-éclair m zipper, zip fastener

feijão m bean

feio/a ugly

feira f fair (fête)

feito/a made, done

feito à mão handmade

Felicitações! Congratulations!

feliz happy

Feliz Ano Novo! Happy New Year!

felizmente fortunately

fêmea f female (n)

feminino/a female (adj)

feriado public holiday

férias fpl holidays, vacation

férias organizadas package holiday

ferida f sore

ferido/a injured

ferimento injury

ferramenta f tool

ferreiro m ironmonger's

ferro m iron (n, metal)

ferro de engomar iron (n, appliance)

ferver boil (vb)

festa f party (celebration)

festival m festival

Fevereiro m February

fibra sintética man-made fibre

ficar remain, stay

ficha f plug (elec)

fígado m liver

fila f queue (n), row (n)

filete m fillet

filha f daughter

filho m son

filial f branch (office)

filmar film (vb)

filme m film (n)

filme a cores colour film

filtro m filter

fim m end

fim de semana weekend

finalmente eventually

fino/a fine (adj)

fisco receiver (tax)

fita f tape, adhesive tape, ribbon

fio dental m dental floss

fita métrica tape measure

flanela f flannel

flor f flower

florista f florist

fluente fluent

fogão m cooker
fogão a gás gas cooker
fogo m fire
folha f leaf
folha de louro bay leaf
folheto m leaflet
fone m receiver
  (telephone)
fones m headphones
fones de ouvido m
  earphones
fonte f fountain
fora (de) out, away
fora de moda old-
  fashioned
fora do comum
  unusual
floresta f forest
forma f form (shape)
formal formal
formar fila queue (vb)
formiga f ant
formoso/a handsome
forno m oven
forno microondas
  microwave oven
fortaleza f fortress
forte m/f strong, tough
fósforos matches
  (for lighting)
fossa séptica septic
  tank
foto f photo
fotocópia f photocopy
fotografar
  photograph (vb)
fotografia f
  photograph (n)

fraco/a weak
frágil m/f breakable,
  fragile
fralda f diaper, nappy
fraldas descartáveis
  disposable diapers/
  nappies
fraldas higiênicas
  sanitary pads
framboesa f raspberry
França France
Francês/Francesa
  French, Frenchman/
  woman
frango m chicken
franquia f postage
frasco m flask, jar
frase f sentence
  (grammar)
fratura f fracture
freio m brake (n)
frente f front
frequente frequent
fresco/a cool, fresh
frete m fare
frigideira f frying pan
frio/a cold
fritar fry
frito/a fried
fritura f doughnut, fried
  food
fronha f pillowcase
fronteira f border
fruta f fruit
fuga leak (n)
fumar smoke (vb)
fumo m smoke (n)
fundo/a deep

funeral m funeral
funicular m funicular
furo m puncture, hole
furúnculo m boil (n)
fusível m fuse
futebol m football
futuro m future

G
gaivota f seagull
galão m gallon
galeria f gallery
Galês m, **Galesa** f
  Welsh, Welshman,
  Welshwoman
galinha f chicken
gancho m hook
ganhar win
ganso m goose
garagem f garage
garantia f guarantee
garfo m fork
garganta f throat
garrafa f bottle
gás m gas
gasóleo m diesel
gasolina f fuel, petrol
gasolina sem chumbo
  unleaded petrol
gasoso/a fizzy
gastar spend (money)
gato/a m/f cat
gatuno/a pickpocket
gaveta f drawer
geada f frost
geladeira f fridge
geléia f jelly
gelo m ice

gema f yolk
gêmeos/as twins
Genebra Geneva
generoso/a generous
genro m son-in-law
gente f folk, people
genuíno/a genuine
geral general
gerente m/f manager
gesso m plaster
ginásio m gym
glaciar m glacier
gola f collar
goma de mascar f
  chewing gum
gordo/a fat
gorduroso/a fatty,
  greasy
gorjeta f gratuity, tip
gorro m cap
gostar like (vb)
gosto m taste (n)
gota f drop (n)
gotejar leak, drip (vb)
Gótico/a Gothic
governo m government
gozar enjoy
Grã-Bretanha Great
  Britain
gradualmente
  gradually
grama m gram
gramática f grammar
grampear staple (vb)
grande big, grand,
  great, large
grande armazém
  department store

granizo m hail
grau m degree (measurement)
gravador m tape recorder
gravata f tie
gravata borboleta m bow tie
grávida pregnant
graxa f polish (n)
Grécia Greece
Grego/a Greek
grelhado/a grilled
greve f strike (n)
gripe f flu
gritar shout (vb)
grito m shout (n)
groselha blackcurrant
groselha vermelha redcurrant
grosso/a thick
grupo m group
gruta f cave
guarda m/f guard
guarda costas coastguard
guarda de segurança security guard
guarda-chuva m umbrella
guardanapo m napkin, serviette
guardanapos de papel paper napkins
guardar keep
guardar à chave lock in

guarda-roupa m wardrobe
guarda-sol m sunshade, parasol
Guarde o troco! Keep the change!
guerra f war
guia m/f guide
guia de turismo guide book
guia turístico/a tour guide
guiar lead, drive (vb)
guisado m stew
guitarra f guitar
gusano maggot

H
Há algum problema? What is wrong?
há uma semana a week ago
habitual usual
hambúrguer m hamburger
helicóptero m helicopter
hérnia f hernia
herpes-zóster shingles
hidrofobia f rabies
hidrofólio m hydrofoil
hipódromo m race course
história f history
histórico/a historic
hoje today
hoje de manhã this morning

Holandês/Holandesa m/f Dutch, Dutchman, Dutchwoman (adj, n)

homem m man

homens men

homossexual m gay, homosexual

honesto/a honest

hora f hour, time

hora de abertura opening time

horário m timetable

horas de visita visiting hours

horrível awful

hortaliceiro/a greengrocer

hortelã mint

hospedaria f hostel, inn

hóspede m/f guest

hospital m hospital

hospitalidade f hospitality

humidade f moisture

húmido/a damp (adj), humid

humor m humour

Húngaro/a Hungarian

Hungria Hungary

I

iate m yacht

icterícia f jaundice

idade f age

idéia f idea

idioma m language

idoso/a senior citizen

ignição f ignition

igreja f church

ilha f island

iluminar light (vb)

imã, íman m magnet

imagem f picture

imediatamente immediately, straightaway

imobilizador de rodas de carro wheel clamp

impedir de entrar lock out

impermeável m raincoat

importante great, important

impossível impossible

imposto m tax

Imposto sobre o Valor Acrescentado Value Added Tax

impresso m form (document)

impresso de registro registration form

impressos mpl printed matter

imprimir print (vb)

inchaço m lump, swelling

inchado/a swollen

inchar swell

incluído/a included

incomodar annoy, disturb

incômodo/a uncomfortable, trouble

inconsciente
unconscious
inconveniência f
inconvenience
incrível incredible
independente self-
sufficient, independent
Indiano/a Indian
indicador/a indicator
indicar point (vb)
indigestão f indigestion
infecção f infection
inflamação f
inflammation
informação f enquiry,
information
informal informal
informar inform, report
Inglaterra England
Inglês m English
(language)
Inglês, Inglês/
Inglesa m/f English,
Englishman/woman
ingredientes mpl
ingredients
íngreme steep
injecção f injection
inseto m insect
insistir insist
insolação f sunstroke
insônia f insomnia
inspecionar inspect
instalação f connection
(phone), installation
insulina f insulin
inteiro/a whole (adj),
entire

inteligente clever,
intelligent
intercepção f
interseption
interessante
interesting
internacional
international
intérprete interpreter
interruptor m switch
interruptor principal
mains switch
intervalo m interval
intoxicação alimentar
food poisoning
introduzir bring in,
introduce
inundação f flood
inválido/a disabled,
handicapped
inverno m winter
inverso m inverse
investigação f
investigation
ir go
ir embora go away
Irlanda Ireland
Irlanda do Norte
Northern Ireland
Irlandês, Irlandesa
Irish, Irishman/woman
irmã f sister
irmão m brother
irritar annoy
isca f bait
isento de direitos
duty-free
isolado/a secluded

PORTUGUESE → ENGLISH

isqueiro m cigarette
  lighter
isto this
Itália Italy
Italiano m Italian
  (language)
Italiano/a Italian (adj, n)
IVA VAT

J
já already
Janeiro January
janela f window
jantar m dinner
jaqueta f jacket
jardim m garden
jardim zoológico
  zoo
jarro m jug
javali m boar
joalharia f jeweller's
joelho m knee
jogar play (vb)
jogo m game
jogo de futebol
  football match
jóias fpl jewellery
jornada journey
jornal m newspaper
jovem young
Judeu/Judia, Judaico/a
  Jew (n), Jewish (adj
juíz m judge
Julho July
junção f junction
Junho June
junto a beside
juntos/as together

juntura joint
justo/a fair, just

L
lã f wool
lá over there
lá fora outside
laço m bow, bow tie
lado m side
ladrão/ladra m/f
  burglar, thief
lago m lake
lagosta f lobster
lama f mud
lâmina de barbear
  razor blade
lâmpada f light bulb,
  lamp
lancha f dinghy,
  motorboat
lanche snack
lanterna torch
lanterna de bolso
  flashlight
lápis m pencil
laranja f orange
largo/a wide
larva larva, maggot
lasca f splinter
lata f can (n), tin
latir bark (vb)
lavabo m lavatory
lavagem de carros
  car wash
lava-louça m
  kitchen sink
lavandaria f laundry

lavandaria automática
  launderette, laundromat
lavar wash
lavar e pentear
  shampoo and set
lavatório m lavatory
laxante m laxative
leão m lion
legenda f subtitle
lei f law
leite m milk
leite em pó powdered
  milk
leitor de CDs
  CD player
lembrança f souvenir
lembrar remember
leme m rudder
lenço de bolso
  handkerchief
lenço de papel
  tissue
lenço de pescoço
  scarf
lençol m sheet
lentamente slowly
lente m lens
lentes m/f lenses
lentes de contato
  contact lenses
lentilha f lentil
lento/a dull, slow
ler read
lésbica f lesbian
leste m east
Letônia Latvia
levantar lift (vb)
levantar-se get up

levar take
leve light (adj, weight)
lhe to her, to him
lhes to them
libra f pound
lição f lesson
licença f licence
licença de caça
  hunting permit
licença de pesca
  fishing permit
licor m liqueur
licores mpl liqueurs,
  spirits (drink)
ligadura f dressing,
  bandage
ligar join, switch on
lima f file (tool), lime
lima de unhas nail file
limão m lemon
limite de velocidade
  speed limit
limonada f lemonade
limpa-pára-brisas m
  windscreen wiper
limpar clean (vb)
limpeza a seco dry
  cleaning
limpo/a clean (adj)
lindo/a beautiful
língua f tongue,
  language
linguado m sole (fish)
linha f line, thread
linho m linen
liquidação f sale
líquido para embeber
  soaking solution

PORTUGUESE → ENGLISH

lista f list
lista telefônica telephone directory
liteira f couchette
litoral m shore, seaside
litro m litre
Lituânia Lithuania
livraria f bookshop
livre free
livro m book
livro de cheques cheque book
livro de frases phrase book
lixo m litter (n), trash, refuse (n), rubbish, bin, dustbin
lobo/a wolf
local local (adj), place (n)
loção de bronzear suntan lotion
loção de limpeza cleansing lotion
logo later
loja f shop, food shop
loja 'Faça-Você-Mesmo' DIY shop
loja de alimentos naturais health food shop
loja de ferragens hardware shop
lojas de departa-mento department store
longe far (adj), away
longo/a long (adj, size)

louça f crockery
louco/a crazy
louro/a blonde, bay leaf
lua f moon
lua de mel honeymoon
lugar m place (n), seat
lugar à janela window seat
lugar de veraneio resort
lugar no corredor aisle seat
lupa f magnifying glass
luta f fight (n)
lutar fight (vb)
luvas fpl gloves
Luxemburgo Luxembourg
luxo m luxury
luz f light (n)
luz do sol sunshine
luz dos freios brake light

M

macaco m monkey, jack (car)
macio/a soft
machucado m bruise (n)
maço packet (cigarettes)
madeira f wood
madrasta f stepmother
maduro/a ripe
mãe f mother
magoar hurt (vb)
magro/a low fat, thin
Maio May

maiô swimming costume

maionese f mayonnaise

maior bigger, greater

maior de idade of age, adult

mais more

mais barato cheaper

mais distante further

mais tarde afterwards, later

mal passado/a medium rare (steak)

mala f suitcase

mal-entendido m misunderstanding

maluco/a mad

mancha f stain

mangueira f hose pipe

manhã f morning

manta f blanket

manteiga f butter

manual manual

mão f hand

mapa m map

mapa de estradas street map

mapa rodoviário road map

máquina f machine

máquina registadora cash register

mar m sea

Mar Báltico Baltic Sea

Mar do Norte North Sea

marca f brand

marca passo pacemaker

marcar dial (vb), set

marcha gear lever

marcha ré reverse gear

Março March

maré tide

maré alta high tide

maré baixa low tide

margem f border

marido m husband

marinha mercante merchant navy

marisco m shellfish

mármore m marble

martelo m hammer

mas but

máscara f mask

masculino m male

mastro m mast

matar kill

matrícula m number plate

mau/má bad, mean, nasty

maxilar f jaw

me me

mecânico/a mechanic

média f average

medicamento m medicine (drug)

medicina f medicine (science)

médico/a doctor

medida f measure (n)

medieval medieval

médio/a medium

medir measure (vb)

Mediterrâneo m
  Mediterranean
medusa jellyfish
meia f stocking
meia-calça pantyhose
meia-noite f midnight
meias fpl socks,
  stockings
meio middle
meio/a half (adj)
meio cru underdone
meio seco medium dry
  (wine)
meio-dia m midday
mel m honey
melancia m
  watermelon
melão f melon
melhor better
melhorar improve
mencionar mention
menino m boy
meningite f meningitis
menos less
mensagem f message
menta mint
mente f mind
mentir lie (vb)
mentira f lie (n, untruth)
mercado m market
merenda snack
merengue m meringue
mergulhar dive
mergulho submarino
  scuba diving
mês m month
mesa f table

mesa de escritório
  desk
mesmo/a same
mesquita f mosque
metade half (n)
metal m metal
metro m metre
metrô m metro,
  subway, underground
meu my, mine
mexilhão m mussel
mil thousand
milha f mile
mingau custard
minha my, mine
ministro m minister
minúsculo/a tiny
minuto m minute
míope short-sighted
missa f Mass (rel)
misturar mix (vb)
mobilado/a furnished
mobília f furniture
mochila f backpack
modesto/a simple
moeda f coin; currency
mola f peg
moldura f picture frame
molhado/a wet
molho m bunch (keys),
  sauce
molho da salada salad
  dressing
molho de carne gravy
momento m moment
monótono/a dull
montanha f mountain
montante m amount

monumento m
    monument
morango m strawberry
morder bite (vb)
morrer die
morte f death
morto/a dead
mosquito m mosquito
mostarda f mustard
mosteiro m abbey,
    monastery
mostrar show (vb)
motocicleta f
    motorbike
motor m engine, motor
mover move
Muçulmano/a Muslim
mudar de casa move
    house
muitas vezes often
muito/a a lot, much,
    very, too much
muito bem all right,
    okay
muito tempo a long
    time
muitos/as many
muletas fpl crutches
mulher f woman
multa f fine (n)
**multa de
    estacionamento**
    parking ticket
multidão f crowd
mundo m world
músculo m muscle
museu m museum
músico/a musician

N
na moda fashionable
nacional national
nacionalidade f
    nationality
nada nothing
nada mais nothing else
nadar swim
namorada f girlfriend
namorado m boyfriend
não no, not
não faz mal it doesn't
    matter
não fume non-smoking
não poderia couldn't
nariz m nose
nascido/a born
nascimento m birth
Natal m Christmas
natural natural
natureza f nature
náusea f nausea
navegação f sailing,
    navigation
navegar navigate, sail
neblina f mist
necessário/a
    necessary
necessidade f need (n)
necessitar need (vb),
    require
negativo m negative
    (photo)
negócios mpl business
nem ... nem neither ...
    nor
nenhum/a none

Neozelandês New
  Zealander
neta f granddaughter
neto m grandson
neve snow
nevoeiro m fog
ninguém nobody
ninho m nest
no estrangeiro abroad
no fundo at the bottom
no início at first
noite f evening, night
Noite de Natal
  Christmas Eve
noiva f bride
noivo m bridegroom
noivo/a engaged (to be
  married), fiancé, fiancée
nome m name
nome de batismo
  Christian name
nome de solteira
  maiden name
nora f daughter-in-law
normalmente usually
norte m north
Noruega Norway
norueguês/
  norueguesa
  Norwegian
nós us, we
nosso/a our
nota f note
notícias fpl news
Nova Zelândia New
  Zealand
Novembro m
  November

novo/a new
noz f nut, walnut
número m number
número de
  identificação
  pessoal pin number
número de registro
  registration number
número de telefone
  phone number
número ímpar odd
  number
nunca never
nuvem f cloud

O

o/a m/f it (direct object),
  the
obras na estrada
  road works
obrigatório/a
  compulsory
obstruído/a jammed
obter get, obtain
obturação f filling
  (tooth)
oceano m ocean
oculista m/f optician
óculos mpl glasses,
  spectacles
óculos de proteção
  goggles
óculos de sol
  sunglasses
ocupação f occupation
ocupado/a busy,
  engaged, occupied
oeste m west

oferecer present (vb)
oferta f gift
oftalmologista m/f
ophthalmologist
óleo m oil
óleo dos freios
brake fluid
olhar look at, watch (vb)
olho m eye
ombro m shoulder
omelete f omelette
onda f wave
Onde? Where?
ônibus m bus
ontem yesterday
ontem à noite last
night
ópera f opera
operação f operation
operador de turismo
tour operator
oposto/a opposite
orar pray
ordem f order (n)
orelha f ear
orelhão phone booth
orquestra f orchestra
os dois both
osso m bone
ótimo excellent, all right
ou or
ou ... ou either ... or
ouro m gold
outono m autumn
outra vez again
outro/a other, another
Outubro m October
ouvido m ear

ouvir hear, listen
ovelha f sheep
ovo m egg
ovo de Páscoa Easter
egg
ovos mexidos
scrambled eggs

P
pá f spade
pá de lixo dustpan
pacote m packet
padaria f bakery
padrão m pattern,
standard
padrasto m stepfather
padre m priest
pagamento m payment
pagar pay
página f page
páginas amarelas
yellow pages
pago/a paid
pai m father
pais mpl parents
país m country
País de Gales Wales
paisagem f scenery
Países Baixos
Netherlands
palácio m palace
palavra f word
palavrão m swear word
palavras cruzadas fpl
crossword puzzle
palha f straw
pálido/a pale
palito m toothpick

panfleto m brochure
pano m cloth
pano de pó duster
pano de chão m
floorcloth
pano de prato
dishtowel
panqueca f pancake
pântano m marsh
pão m bread
pão de centeio rye
bread
pão integral
wholemeal bread
pão-de-ló m sponge
cake
pãozinho m bread roll
papeira f mumps
papel m paper
papel de alumínio
tinfoil
papel de carta
notepaper
papel de embrulho
wrapping paper
papel de escrever
writing paper
papelão m cardboard
papelaria f stationer's
papoula f poppy
par m pair
para for, to
para a esquerda
to the left
para além de beyond
para cima up, upwards
Parabéns!
Congratulations!

pára-brisas m
windscreen
pára-choques mpl
bumper, fender
parafuso m screw
parar stop
parede f wall
parente m/f relative,
relation
parque park (n)
parque de campismo
caravan site
parquímetro m parking
meter
parte f part
parte de cima the top
partida f departure
partido m party
(political), broken
partir depart
Páscoa f Easter
Páscoa Feliz! Happy
Easter!
passa f raisin
passado m past
passado demais
overdone
passageiro/a
passenger
passagem de nível
level crossing
passagem para
pedestres
pedestrian crossing
passaporte m
passport
passar pass (vb),
spend (time)

passar a ferro iron (vb)

pássaro m bird

passeio m tour

passeio a cavalo horse riding

passo m step

pasta f briefcase

pastel m pastry, pie

pastelão m pie

pastelaria f cake shop

pastilhas para a garganta throat lozenges

patim m skate (n)

patinar skate (vb)

patins mpl skates

pátio de recreio playground

pato/a m/f duck

pé m foot

peça f piece

peça de teatro play (n, theatre)

peça sobresselente spare part

peças do carro car parts

peculiar peculiar

pedaço m lump, piece

pedal m pedal

pedestre m pedestrian

pedido m request (n)

pedir request (vb)

pedir emprestado borrow

pedra f stone

peito m chest

peixaria f fishmonger's

peixe m fish

pela encosta abaixo downhill

pele f leather, skin, peel (n)

pele de animal f fur

película f film (n)

pena pity, feather

peneira f sieve

penhasco m cliff

península f peninsula

pensão f bed & breakfast, boarding house, guesthouse

pensão completa full board

pensar think

pente m comb (n)

pentear comb (vb)

pepino m cucumber

pequeno/a little, small

pêra f pear

Perdão? Pardon?

perder lose

perdido/a lost, missing

perfeito/a perfect

perfume m perfume

pergunta f question

perguntar ask

perigo (n) danger

perigoso/a dangerous

período m period

permanecer remain

permanente f constant, perm

permitir allow, permit, let (vb)

PORTUGUESE → ENGLISH

perna f leg
pernoita f stopover
pérola f pearl
persiana f blind (n), shutter
perto near, nearby
peru m turkey
peruca f wig
pés mpl feet
pesado/a heavy
pesar weigh
pescoço m neck
peso m weight
pêssego m peach
pessoa f person
pessoas fpl people
pia de cozinha sink
piano m piano
picada de inseto insect bite
picadela f sting (n)
picar sting (vb)
pico peak
pijama m pyjamas
piloto m pilot
pílula f pill
pimenta f pepper (spice)
pimento m pepper (vegetable)
pinças fpl tweezers
pingar leak, drip (vb)
pintar paint (vb)
pintura f paint (n)
pior worse
pique peak
piquenique m picnic
pires m saucer

pirulito m lollipop
piscina f pool
piscina coberta indoor pool
piso m storey
pista de gelo ice rink
pista de patinagem skating rink
placa sign (n)
placa de sinalização road sign
plano plan (n), even (adj)
planta f plant
plástico/a plastic
plástico para envolver cling film
pneu m tyre
pneu furado flat tyre
pneu sobressalente spare tyre
pó m dust, powder
pó de talco talcum powder
pobre poor (impecunious)
poder can (vb), may, might, power
Poderia? Could I?
podre m/f rotten
poeira f dust
Polaco/a Pole, Polish
polegada f inch
polegar m thumb
polícia f police
polir polish (vb)
Polônia Poland
poltrona f armchair
poluído/a polluted

pomada f ointment
pontada f stitch, twinge
ponte f bridge
ponteiro do combustível fuel gauge
ponto m point (n)
ponto de ônibus bus stop
ponto de táxi taxi rank
população population
popular popular
por by, per, through
pôr put
por aqui this way
por causa de because of
pôr do sol m sunset
por exemplo for example
por favor please
por mês monthly
porca f nut (for bolt)
porção f portion
porcelana f china
porco/a pig
pormenores mpl details
porque because
Porquê? Why?
porta f door
porta-bagagem m roof-rack
porta-bagagens f luggage rack
portagem f toll
porta-moedas m purse

portão m gate
porteiro m doorman
porteiro/a caretaker, porter
porto m harbour, port
Portugal Portugal
português, portuguesa Portuguese
posição social status, standing
possível possible
Posso? May I? Could I?
poste sinalizador signpost
pouco a pouco gradually
pouco fundo/a shallow
poucos/as few
pousada da juventude youth hostel
praça f square (n)
praguejar swear (curse)
praia f shore, beach
praia nudista nudist beach
prancha de natação diving board
prancha de surf surfboard
prata f silver
prateleira f shelf
prática f practice
praticar practise
prato m dish, plate
prato principal main course

Prazer em conhecê-lo/a! Pleased to meet you!
preço m price
preço barato cheap rate
preço de entrada entrance fee
preencher fill, fill in, complete (vb)
preferido/a favourite
preferir prefer
prego m nail, steak roll
preguiçoso/a lazy
prêmio m prize
prenda f present (n)
prenda de anos m birthday present
prenda de casamento wedding present
prendedor clothes peg
prender arrest, fasten
preocupado/a worried
presente present (adj)
presente m gift, present (n)
presente de aniversário birthday present
preservativo m condom
preso locked in
pressão f pressure
pressão dos pneus tyre pressure
prestar juramento swear (an oath)
presunto m ham

pretender intend
preto/a black
previsão do tempo weather forecast
primavera f spring (season)
primeira classe first class
primeiro/a first
primeiro andar first floor
primeiro ministro prime minister
primeiro nome first name
primeiros socorros mpl first aid
primo/a m/f cousin
principal main
principalmente mostly
principiante m/f beginner
prisão f prison
privado/a private
problema m problem
problemas mpl trouble, ills
procurar look for
professor/a teacher
profundo/a deep
programa m programme, program
proíbido/a forbidden, prohibited
promessa f promise (n)
prometer promise (vb)
pronto/a ready

pronto-socorro m
  breakdown van
pronunciar pronounce
propriedade perdida
  lost property
proprietário/a m/f
  landlord/landlady, owner
protestante m/f
  Protestant
protetor solar sunblock
provar try on
provavelmente
  probably
próximo near, nearby
próximo/a next
público/a public
pudim m pudding
pulga f flea
pulmão m lung
pulôver m pullover
pulseira f bracelet
pulseira de relógio
  watch strap
pulso m wrist
puré de batata
  mashed potatoes
puxador m handle
puxar pull

Q
quadrado/a
  square (adj)
quadro m painting,
  picture
quadro de avisos
  noticeboard
Qual? Which?
qualidade f quality

qualquer coisa
  anything
qualquer pessoa
  anybody
Quando? When?
quantidade f amount,
  quantity
Quanto custa? How
  much is it?
Quantos? How many?
quarentena f
  quarantine
Quarta-feira f
  Wednesday
quarto m quarter, room
quarto de casal
  double room
quarto individual
  single room
quarto livre vacancy
quase almost, nearly
Quê? What?
Que horas são?
  What's the time?
Que pena! It's a pity!
Que se passa? What's
  the matter?
que vale a pena worth
quebrado broken
quebrar break (vb),
  break down (car)
queijo m cheese
queimadura f burn
queimaduras do sol
  sunburn
queimar burn (vb)
queixa f complaint
queixar-se complain

queixo m chin
Quem? Who?
quente hot, warm
querer want
querido/a dear
questão f question, issue
quilo m kilo
quilograma m kilogram
quilômetro m kilometre
Quinta-feira f Thursday
quinzena f fortnight
quiosque m kiosk
quisto m cyst
quitanda f greengrocer

R
rã f frog
rabanete m radish
raça f race (people)
radiador m radiator
rádio m radio
rainha f queen
raio m ray (sunlight), spoke (of wheel)
raio-X m X-ray
raiva f rabies
ralado/a grated
rampa para principantes nursery slope
rançoso/a stale, rancid
rapariga f girl
rápido/a fast
raposa f fox
raquete f racket
raquete de tênis tennis racket

raro/a rare
rasgado/a torn
rasgar tear (vb)
rasgo m tear (n)
ratazana f rat
rato m mouse
razoável reasonable
real real, royal
realmente really
rebocar tow
reboque m trailer
recarregar recharge
receber collect
receio fear
receita f prescription, recipe
recentemente recently
recepção f reception
recepcionista m/f receptionist
recheio m filling (sandwich)
recibo m receipt
recipiente para gasolina petrol can
reclamação de bagagem baggage reclaim
recomendar recommend
reconhecer recognize
recusar refuse (vb)
rede f net, web
redondo/a round
redução f reduction
reduzir reduce
reembolso m refund (n)

refeição f meal
refratário/a ovenproof
refrigerante soft drink
regato m stream
região f region
região rural countryside
registrar record, register (vb)
registro m record (n, legal), register (n)
regressar come back, return
régua f ruler (for measuring)
rei m king
Reino Unido United Kingdom
relâmpago m flash, lightning
relatório m report (n)
relógio m clock, watch (n)
relva f grass
remar row (vb)
remendar mend
remo m oar
renda f lace, rent (n)
reparação f repair (n)
reparar repair (vb)
repelente de insetos insect repellent
repetir repeat
repleto/a crowded, full up

representação f performance
representante de vendas sales representative
República Checa Czech Republic
República Eslováquia Slovak Republic
reserva f reservation, reserve
reserva natural nature reserve
reservar reserve
resgatar rescue (vb)
resgate m rescue (n)
residente m/f resident (adj, n)
resolver solve, sort out
respirar breathe
responder answer, reply (vb)
resposta f answer, reply (n)
ressaca f hangover
ressonar snore (vb)
resto m rest (remainder)
retrato m portrait
reumatismo m rheumatism
reunião f meeting
revelação exposure
revelação dos negativos film processing
revelar develop, disclose

PORTUGUESE → ENGLISH

revés m reverse (n)
revisor/a ticket collector
revista f magazine
revoltante m/f revolting
rezar pray
rico/a rich
ridículo/a ridiculous
rim m kidney
rímel m mascara
rio m river
rir laugh (vb)
risada f laugh (n)
roda f wheel
rodeado/a surrounded
rolar roll (vb)
romance m novel, romance
rombo/a blunt
rosa f rose (flower)
rotatória f roundabout
roubado/a mugged, stolen
roubar steal
roubo m break-in, burglary, rip-off, theft
rouge m blusher
roupa f clothing
roupa de cama linen, bed linen
roupa de homem menswear
roupa de malha knitwear
roupa de mergulho wetsuit
roupa de senhora ladies' wear

roupa interior lingerie, underwear
roupão m dressing gown
roupas fpl clothes
roxo/a purple
rua f street
rua de sentido único one-way street
rua principal main road
rubéola f German measles, rubella
ruela f lane
rugas fpl wrinkles
ruidoso/a loud
ruína f ruin
rum m rum

S
sábado m Saturday
sabão m soap
sabão em pó soap powder, washing powder
saber know
sabor m flavour
saca-rolhas m corkscrew
saco m bag, carrier bag
saco de água quente hot-water bottle
saco de dormir sleeping bag
saco de plástico plastic bag
sacudir shake
sagrado/a holy

184

saia f skirt
saída f exit
saída de emergência
  emergency exit, fire exit
sair leave
sal m salt
sala de embarque
  departure lounge
sala de espera waiting
  room
sala de estar living
  room, lounge
sala de jantar f dining
  room
salada f salad
salão m hall, lounge
salão de beleza
  beauty salon
salão municipal town
  hall
salário m wage, salary
salgado/a savoury
salmão m salmon
salmão fumado
  smoked salmon
salsicha f sausage
saltar jump (vb)
salto m heel, jump (n)
salto de esqui
  ski jump
salvar save
sandálias fpl sandals
sanduíche f sandwich
sangrar bleed
sangue m blood
são are
sapato m shoe
sapo m toad

saquinho de chá
  tea bag
sarampo m measles
saudação f greeting
saudades fpl home-
  sickness, nostalgia
saudável healthy
Saúde! Cheers!
se if
se não if not
secador m dryer
secador de cabelo
  hairdryer
secadora f spin-dryer
secar blow-dry
secção f department
seco/a dry
secretário/a m/f
  secretary
século m century
seda f silk
seguinte next
seguir follow
segunda classe
  second-class
segunda mão second-
  hand
Segunda-feira f
  Monday
segundo/a second
segurar hold
seguro/a safe (adj),
  sure
seguro m insurance
**seguro contra
  terceiros** third-party
  insurance

PORTUGUESE → ENGLISH

seguro de automóveis car insurance

seguro de vida life insurance

seguro médico medical insurance

seio m breast, bosom

seixos shingle

sela de cavalo saddle (on horse)

selo m stamp, postage stamp

sem without

sem açúcar sugar-free

sem álcool non-alcoholic

sem chumbo lead-free

sem limite unlimited

semáforo m traffic light

semana week

semanalmente weekly

semelhante similar

sempre always

sempre a direito straight on

senão otherwise

Senhor m Mr

senhora f lady

Senhora f Mrs

senhoras ladies' toilet

Senhorita f Miss, Ms

sentar-se sit

sentença f sentence (law)

sentir feel

separar separate (vb)

séptico/a septic

ser be

sério/a serious

serviço m service

serviço de câmbio bureau de change

serviço de entrega/courier courier service

Setembro September

seu his/her, your

sexo m sex

sexta-feira f Friday

Sexta-feira Santa Good Friday

sidra f cider

significar mean (intend)

silêncio m silence

sim yes

simpático/a friendly, nice

simples plain, simple

sinagoga f synagogue

sinal m signal

sinal toque dialling tone

sinal de paragem stop sign

sino m bell

sítio farm

só alone, only, single

sob under

sobre above, on, over

sobremesa f dessert, pudding

sobretudo m overcoat

sobrinha f niece

sobrinho m nephew

sóbrio/a sober, restrained

sócio/a partner (business)
socorrer rescue (vb)
socorrista m/f lifeguard
Socorro! Help!
socorro para alpinistas mountain rescue
soda f soda
sofá m couch
sogra f mother-in-law
sogro m father-in-law
sogros mpl in-laws, parents-in-law
sol m sun
sola f sole (shoe)
soletrar spell
solicitação f request (n)
solicitar request (vb)
solteiro/a single
solto/a loose
solúvel soluble
sombra f shade
sombra dos olhos eye shadow
somente only (adj), just
sonolento/a sleepy
sopa f soup
sorrir smile (vb)
sorte f luck
sorvete m ice cream
sótão m attic
sotaque m accent
sua his/her, your
suar sweat (vb)
suave soft
subir climb, get on

subsolo f basement
substituição da cabeça do fêmur hip replacement
subterrâneo/a underground (adj)
subúrbio m suburb
suco m juice
suco de fruta fruit juice
suco de laranja orange juice
suco de tomate tomato juice
Suécia Sweden
Sueco/a Swedish, Swede (adj, n)
suéter jumper, jersey
suficiente enough, plenty
Suíça Swiss, Switzerland
Suíço-Alemão Swiss-German
sujar litter (vb)
sujo/a dirty, filthy
sul m south
sul-africano/a South African
suor m sweat (n)
superior m/f up-market
suplemento m supplement
surdo/a deaf
surpreendente astonishing
suspensão f suspension
sutiã m bra

PORTUGUESE → ENGLISH

T

tábua de passar
ironing board
taça f bowl, cup
taco de golfe golf club
(stick)
talheres mpl cutlery
talvez maybe, perhaps
tamanho m size
tâmara f date (fruit)
também also, too
tampa f lid
tampão m plug (bath),
tampon
tangerina f tangerine
tanque m tank
tapete m rug
tarde afternoon, late
tardinha f early evening,
late afternoon
tarifa f fare
tarifa de estação alta
peak rate
táxi m cab, taxi
taxista m/f taxi driver
teatro m theatre
tecido m cloth, fabric,
material
teia f web
tela f screen
tejadilho de abrir
sunroof
teleférico m cable car

telefonar ring,
phone (vb)
telefone m phone,
telephone (n)

telefone público
payphone
telefonema m
telephone call
telefonista m/f
operator (phone)
telemóvel m mobile
phone
televisão f television
telhado m roof
telhado de abrir
sunroof
temperatura f
temperature
tempero m seasoning,
salad dressing
tempestade f storm
templo m temple
tempo m time, weather
temporário/a
temporary
tenda f stall, tent
tendão m tendon
tenho dor it's sore
tênis m tennis
tensão voltage, tension,
pressure
tensão arterial blood
pressure
tensão arterial elevada
high blood pressure
tentar try
ter have
ter a interção de
intend
ter de have to
ter medo de be
afraid of

188

ter um colapso
  collapse (vb)
termas fpl hot spring
terminal m terminal
terminar finish (vb)
termômetro m
  thermometer
terno m suit
terra f earth, ground,
  land
terremoto f earthquake
térreo ground floor
terrível awful, dreadful
tesoura f scissors
tesourinha de unhas
  nail scissors
testa f forehead
testemunha f witness
tetina f teat (bottle)
teto m ceiling
teu/tua your, yours
tia f aunt
tijolo m brick
tímido shy
tingir dye (vb)
tinta f dye, ink,
  paint (n)
tio m uncle
típico typical
tipo m sort, type
título m degree
  (qualification), title
toalha f towel
toalha de mesa
  tablecloth
tocar touch, play (vb)
todavia still (yet)
todo/a whole (n)

todos/todas everyone
toilet masculino
  gents' toilet
tolerar tolerate
tolo/a crazy, silly
tomada f plug,
  socket (elec)
tomar take
tomara que
  hopefully
tomate m tomato
tonsilite f tonsillitis
tonto m dummy
topless topless
torcer sprain (vb)
tornozelo m ankle
torre f tower
tosse f cough (n)
tossir cough (vb)
total m total
toucador m toilet
toucinho fumado m
  bacon
trabalhador
  autônomo
  self-employed
trabalhar work (vb)
trabalho m job
trabalho doméstico
  housework
traça f moth
tracado locked in
tradução f translation
tradutor/a translator
traduzir translate
tráfego m traffic
tráfico m traffic
trança f plait

trancar lock (vb)
tranquilo/a quiet, still
trapo m rag
tratado m deal
travão de mão handbrake
travessa f ovenproof
trazer bring, fetch
trem train
trem expresso express (train)
trenó m sledge
tricotar knit
triste gloomy, painful, sad
trocar change (vb)
troco m change (n)
trólei para bagagem luggage trolley
trote m jog (n)
trovão m thunder
trovoada f thunderstorm
truta f trout
tu you (sing)
tubo m tube
tubo de escape exhaust pipe
tubo de respiração snorkel
tudo everything
tudo junto altogether
túnel m tunnel
turco/a Turkish, Turk
turismo sightseeing
turquesa f turquoise
Turquia Turkey

U
úlcera f ulcer
último/a last
último andar top floor
ultrapassar overtake
um/a one, a
um pão a loaf
um pouco a bit
uma vez once
umas some
unha f nail
União Européia EU
uniforme even (adj), uniform
universidade university
uns some
urgências casualty department
urgente urgent
usar use (vb), wear
utensílios de cozinha cooking utensils
útero m uterus
útil useful
utilizar use (vb)
uvas fpl grapes

V
vaca f cow
vacina f vaccine
vaga f vacancy
vagão m carriage
vagão-restaurante dining car
vale m valley, voucher
vale postal money order

válido/a valid

valioso/a valuable

valor m value

válvula f valve

vapor m steam

vara de pesca fishing rod

varanda f balcony

varicela f chicken pox

vários/as several

vassoura f broom

vasto great, vast

vazar pour

vazio/a empty

vedação f fence

vegetais mpl vegetables

vegetais orgânicos organic vegetables

vegetariano/a m/f vegetarian

veia f vein

veículo m vehicle

vela f candle

vela de ignição spark plug

velho/a ancient, old

velocidade f speed

velocímetro m speedometer

velódromo m cycle track

vencer win, fall due

venda f sale

vendedor/a salesperson

vendedora automática vending machine

vender sell

veneno m poison

venenoso/a poisonous

ventilador m fan

vento m wind

ventoso/a windy

ver see, watch (vb)

verão m summer

verdade true

verde m/f green

verdureiro/a greengrocer's

vergonha f shame

vermelho/a red

verniz de unhas nail varnish

vertente de esqui ski slope

vespa f wasp

véspera de Ano Novo New Year's Eve

vestiário m changing room, cloakroom

vestíbulo m lobby

vestido m dress

vestir wear, dress (vb)

veterinário/a m/f vet, veterinarian

via f via

viagem f journey

viagem de barco boat trip

viagem de negócios business trip

viajar travel

vida f life

Viena Vienna

vila town

PORTUGUESE → ENGLISH

vinagre m vinegar
vinhedos m vineyard
vinho m wine
vinho da casa house wine
vinho de mesa table wine
vinho do Porto port (wine)
vinho tinto red wine
violentar rape (vb)
violeta f violet
vir come
viral m clothes line
vírus m virus
visita f visit (n)
visitante m/f visitor
visitar visit (vb)
vista f scenery, sight, view
visto m visa
vitela f veal
vitela/o calf
vitrine shop window
viúva widow
viúvo widower
Viva! Cheers!
viveiro m nursery (plants)
viver live
vivo/a lively, alive
vizinho/a near (adj), neighbour (n)
voar fly (vb)
vocês you (pl)
volante m steering wheel

voltagem voltage
voltar come back, go back, turn
vomitar vomit (vb)
vôo m flight
vôo fretado charter flight
vôo livre hang-gliding
Vou vomitar! I'm going to be sick!
voz f voice
vulcão m volcano
vulgar common
vulgarmente commonly

X
xadrez m chess
xaile shawl
xarope contra a tosse cough mixture
xerez sherry

Z
zangado/a annoyed
zé-povinho the man in the street
zero m zero
zinco zinc
zíper zipper, zip fastener
zona f zone
zonzo/a dizzy
zumbido buzzing
Zuriche Zürich